Dirk Witt, Moritz Quast & Tim Schrödel

Lernwerkstatt

Die Weimarer Republik

Infotexte / Hintergründe / Aufgaben
Sinnerfassendes Lesen / *Mit Lösungen*

KOHL VERLAG
Lernen mit Erfolg
Der Verlag mit dem Baum

www.kohlverlag.de

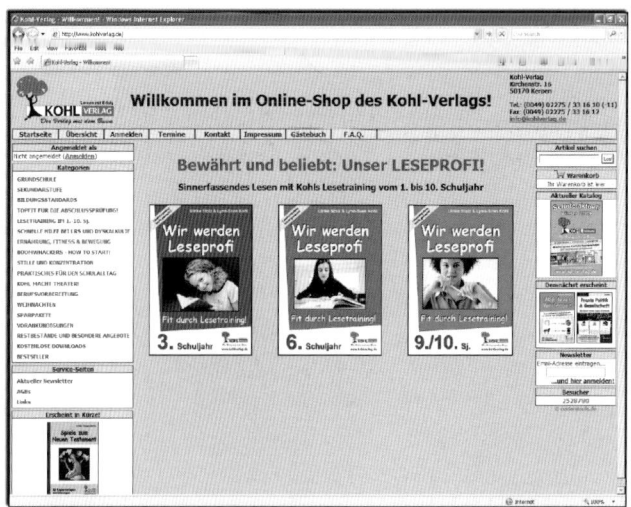
Lernwerkstatt
„Die Weimarer Republik"

1. Auflage 2009

© Kohl-Verlag, Kerpen 2009
Alle Rechte vorbehalten.

Inhalt: Dirk Witt, Tim Schrödel & Moritz Quast
Grafik & Satz: Kohl-Verlag
Druck: farbo Druck, Köln

Bestell-Nr. 10 851

ISBN: 3-86632-851-6
ISBN-13: 978-3-86632-851-8

Inhaltsverzeichnis:

Lernwerkstatt „Die Weimarer Republik" - Bestell-Nr. 10 851

KOHL VERLAG
Der Verlag mit dem Esel
www.kohlverlag.de

Vorwort

Vorwort und Hinweise für den Lehrer

Das Thema Weimarer Republik ist ein packendes Kapitel in der deutschen Geschichte. Die wichtigsten Themen, die für einen genauen Einblick in die Zeit der ersten deutschen Demokratie benötigt werden, finden sich in diesem Heft. Darüber hinaus bieten die Arbeitsblätter stetig Anregungen zu Präsentationsthemen oder vielfältigen Partner- und Gruppenarbeiten. Das Material lässt sich auf vielfältige Art und Weise einsetzen. Zum Beispiel ist Stationenlernen im Klassenzimmer damit gut durchführbar. Die einzelnen Lernschritte bilden die Lernstationen. Diese können die Schüler ganz nach Belieben bearbeiten und die gesammelten Arbeitsblätter, Materialien und Ergebnisse zu einem eigenen Heft zusammenfügen. So hat am Ende jeder Schüler sein eigenes individuelles Material zur Weimarer Republik. Optimal wäre es, wenn den Schülern verschiedene Literatur (oder das schier unerschöpfliche Internet) zur Verfügung stünden. Zusätzlich lässt sich dieses Material auch durch folgende Ideen gut ergänzen:

• eine Kunst-Station:
  Die Schüler können in Einzel- oder Gruppenarbeit ganz verschiedene dem aktuellen Thema im Kunst-Unterricht angepasste Projekte umsetzen (z.B. das Gestalten im typischen Bauhaus-Stil oder im Stil der Mode und Kunst der 20er-Jahre) oder eine freie Gestaltung zum Thema Wohlstand & Armut.

• Interessant ist auch der Ausblick in die anderen Länder. Wie erging es den Amerikanern in der Zeit der großen Wirtschaftskrise?

• Viele Banken und Sparkassen bieten „Börsenspiele" kostenlos an. Besorgt euch diese und erweitert mit ihnen euer Wissen und Verstehen von Aktien.

• Schaut euch das zeitgenössische Theaterstück „Der Hauptmann von Köpenick" an. Dieses Theaterstück von Carl Zuckmayer wurde oft verfilmt. Was könnt ihr im Film über die Zeitepoche erfahren?

• Sie können Tagebucheintragungen aus der Sicht eines Jugendlichen, der die Inflation und die große Weltwirtschaftskrise hautnah miterlebte, mitschreiben.

• Wer waren Rosa Luxemburg, Mathhias Erzberger, Walther Rathenau, Franz von Papen oder Kurt von Schleicher?

• Interessant wäre auch das Behandeln folgender Themenbereiche in Projektgruppenarbeit:

  - Arbeitslosigkeit in der Weimarer Republik
  - Die große Inflation von 1923 / Inflation heute
  - Die Geburt der Demokratie
  - Die Konferenz in Locarno
  - Die Mobilität verändert unser Leben
  - Frauen emanzipieren sich
  - Der vereitelte Hitler-Putsch im Jahre 1923
  - u.v.m.

Wir wünschen Ihnen viel Freude und Erfolg mit der vorliegenden Lernwerkstatt!

Der Kohl-Verlag und

das Autorenteam

....

Bedeutung der Symbole:

 **Einzelarbeit**
EA

 **Partnerarbeit**
PA

 **Arbeiten in kleinen Gruppen**

 **Arbeiten mit der ganzen Gruppe**

Bestell-Nr. 10 851

KOHL VERLAG   Lernwerkstatt „Die Weimarer Republik"   www.kohlverlag.de

Die erste Demokratie in Deutschland

Die Weimarer Republik stellte den ersten erfolgreichen Versuch dar, eine demokratische Staatsform auf deutschem Boden zu errichten. Sie ist Vorbild für unser heutiges Zusammenleben in Deutschland. Erstmals fanden allgemeine, freie, gleiche und geheime Wahlen statt. Die Regierung war dem Parlament gegenüber zur Rechenschaft über ihre Arbeit verpflichtet. Frauen erkämpften sich ihre gleichberechtigte Stellung in der Gesellschaft.

All diese Errungenschaften sind noch heute fest verankert und haben ihren Ursprung in der Weimarer Republik. Auf der anderen Seite haben wir die negativen Erfahrungen der ersten Demokratie, die zum Scheitern der Republik nach nur 14 Jahren führten, untersuchen müssen und notwendige Konsequenzen daraus gezogen. So ist uns heute bewusst, dass möglichst alle Menschen aktiv für Demokratie eintreten müssen – der Staat also von einer großen Mehrheit der Bevölkerung getragen und unterstützt werden sollte. Eine Demokratie kann nur mit Demokraten existieren. Alle demokratischen Parteien müssen miteinander regieren können und sich ihrer Verantwortung darüber bewusst sein.

In den nächsten Arbeitsblättern beschäftigen wir uns mit der deutschen Geschichte in der Zeit von 1918 bis 1933 – der Zeit der Weimarer Republik. Zunächst erfahren wir wichtige Dinge über den äußerst schwierigen Beginn des ersten Demokratieversuchs in Deutschland. Dabei wird schnell deutlich werden, dass der Übergang vom Kaiserreich hin zu einer Demokratie ein schwerer Weg war. Zwar bekamen die Führer der demokratischen Parteien die ganze Macht im Staate, aber gleichzeitig mussten sie die Verantwortung für den verlorenen

Kabinett der Weimarer Republik im Juni 1928

Krieg übernehmen. Das Militär, das bis in die letzten Kriegswochen nur von Erfolgen berichten ließ, schob den neuen Machthabern die Schuld für die Niederlage am 1. Weltkrieg zu. Dies stellte eine enorme Belastung für den Aufbau der Demokratie dar. Hinzu kam ein Friedensvertrag, der der deutschen Bevölkerung aufgezwungen wurde und ihr die alleinige Schuld für den Krieg zusprach. Politische Gruppierungen von links und rechts versuchten die junge Demokratie zu stürzen und ihre eigenen politischen Vorstellungen durchzusetzen.

In den Jahren 1924-1928 stabilisierte sich die politische Situation. In der „Ära Stresemann" – ein wichtiger deutscher Politiker dieser Zeit – kam es zur wirtschaftlichen Erholung und zu entscheidenden außenpolitischen Erfolgen. Man versöhnte sich mit Frankreich und wurde wieder in die europäische Staatengemeinschaft als gleichberechtigter Partner aufgenommen.

Mit der Weltwirtschaftskrise 1929 endete diese Phase und es begann der letzte Abschnitt der Geschichte der Republik. Die wirtschaftliche Situation der Menschen verschlechterte sich dramatisch. Ein Millionenheer von Arbeitslosen musste sich unter unvorstellbaren Zumutungen am Leben halten. Die radikalen Parteien auf der linken und rechten Seite erhielten einen enormen Zulauf und versuchten mit Mitteln der Gewalt ihre Vorstellungen umzusetzen. Ein Bürgerkrieg auf der Straße entflammte. Die demokratischen Parteien waren unfähig, mehrheitsfähige Regierungen zu bilden. Somit wuchs die Macht des Reichspräsidenten, einem Anhänger der Monarchie. Das parlamentarische System wurde ausgehöhlt und am Ende der Weimarer Republik in eine Diktatur umgewandelt. Am 30. Januar 1933 übernahm Adolf Hitler die Macht in Deutschland und beendete die erste Demokratie in Deutschland.

KOHL VERLAG   Lernwerkstatt   „Die Weimarer Republik"   -   Bestell-Nr. 10 851   www.kohlverlag.de

EA

<u>**Aufgabe 1**</u>**:**   *Fertige einen Zeitstrahl für den Zeitraum der Weimarer Republik an. Trage die 3 Phasen <u>Entstehung der Republik</u>, <u>Stabilität der Republik</u> und <u>Untergang der Republik</u> mit unterschiedlichen Farben ein. Achte darauf, dass du genügend Platz hast, um neue Informationen eintragen zu können!*

Lernwerkstatt „Die Weimarer Republik"   -   Bestell-Nr. 10 851

KOHL VERLAG   www.kohlverlag.de

I. Die Geschichte der Weimarer Republik

EA

Aufgabe 2: *Beantworte die folgenden Fragen in vollständigen Sätzen!*

a) Warum wird die erste deutsche Republik „Weimarer Republik" genannt?

_____

_____

b) Die Weimarer Republik stellte den ersten erfolgreichen Versuch dar, einen demokratischen Staat zu errichten. In der deutschen Geschichte gab es bereits früher einen Versuch, dies zu erreichen. Wann?

_____

_____

c) Warum ist es notwendig, alle Menschen in einem demokratischen Staat einzubeziehen? Wie kann dies geschehen? Was sollte man mit Menschen deiner Meinung nach tun, die die Demokratie ablehnen?

_____

_____

_____

_____

d) Was bedeutet es für dich, aktiv für die Demokratie einzutreten? Erkläre!

_____

_____

_____

e) Was bedeutet es, wenn Wahlen allgemein, frei, gleich und geheim sind? Informiere dich, wenn nötig, im Internet oder in einem Lexikon!

_____

_____

_____

_____

KOHL VERLAG Lernwerkstatt „Die Weimarer Republik" - Bestell-Nr. 10 851
Der Verlag mit dem Baum
www.kohlverlag.de

PA

Aufgabe 3: *Nennt zwei Ergebnisse, die wir in unserer heutigen Demokratie aus der Zeit der Weimarer Republik übernommen haben!*

- ✏ _____

  _____

- _____

  _____

GA

Aufgabe 4: *Nennt Gründe, warum die Weimarer Republik bereits nach 14 Jahren scheiterte!*

✏ _____

_____

_____

_____

_____

_____

EA

Aufgabe 5: **a)** *Wieso erhielten die radikalen Parteien ab 1929 starken Zulauf aus der Bevölkerung?*

✏ _____

_____

b) *Mit welchen Mitteln versuchten diese Parteien oft ihre Vorstellungen umzusetzen?*

_____

_____

c) *Warum war der Machtzuwachs des Reichspräsidenten negativ?*

_____

_____

 Lernwerkstatt „Die Weimarer Republik" - Bestell-Nr. 10 851 www.kohlverlag.de

Die Nachkriegszeit – Neuanfang

Im Sommer 1918 scheiterte die letzte große deutsche Kriegsoffensive. Zu schwach waren die eigenen militärischen Reserven, zu stark die Macht der Kriegsgegner. Trotzdem ließen fanatische Offiziere den Befehl erteilen, dass die kaiserliche Kriegsflotte am 28. Oktober noch in den verlorenen Krieg eintreten solle.

Es kam in Kiel zum Aufstand der Matrosen. Sie weigerten sich, weiterhin für den Kaiser und das Militär zu kämpfen. Um ihr Vorgehen abzustimmen, wählten sie am 4. November eigene Räte. Diese sollten nach russischem Vorbild die politische Macht übernehmen. In wenigen Tagen entstanden aus Sympathie für die Matrosen und aus Überzeugung, dass Deutschland zukünftig eine Republik sein soll, Arbeiter- und Soldatenräte im gesamten Reich.

Revolutionäre Soldaten 1918 in Berlin

Die Ereignisse in Deutschland überschlugen sich stündlich. Arbeiter streikten, zurückkehrende Soldaten besetzten Rathäuser. Eine Revolution in Deutschland nahm ihren Anfang. Die Forderungen der Arbeiter- und Soldatenräte nach der Durchsetzung der Demokratie, Abdankung des Kaisers und Beendigung des Krieges sowie Mitbestimmung in den Betrieben, den Achtstundentag, eine gerechtere Verteilung des Besitzes und die Verstaatlichung von Schlüsselindustrien, wurden im gesamten Reich laut.

EA

Aufgabe 1:   a) *Nenne die Gründe, die zum Ausbruch der Novemberrevolution in Kiel führten!*

_____

_____

_____

b) *Wieso konnte die Revolution in nur wenigen Tagen die größten Teile Deutschlands erfassen? Denke an die Kriegsstimmung der einfachen Bevölkerung in den letzten zwei Kriegsjahren!*

_____

_____

_____

c) *Welche Forderungen stellten die Arbeiter und Soldaten? Liste auf:*

_____

_____

_____

Lernwerkstatt „Die Weimarer Republik" - Bestell-Nr. 10 851

KOHL VERLAG
www.kohlverlag.de

II.   Das Jahr 1918

Die Ausrufung der Republik

Am 9. November erreichte die Revolution die Hauptstadt Berlin. Große Demonstrationszüge zogen durch die Stadt. Unter diesem politischen Druck verkündete der Reichskanzler eigenmächtig den Rücktritt des Kaisers und übergab dem Vorsitzenden der SPD, Friedrich Ebert, die politische Macht und ernannte ihn zum Reichskanzler. Dieser trat für eine parlamentarische Demokratie ein und wollte, dass eine zu wählende Nationalversammlung eine neue Verfassung ausarbeitet. Aber die Situation in Berlin spitzte sich weiter zu. Fast zeitgleich wurde durch Philipp Scheidemann (SPD) und Karl Liebknecht (Spartakusbund) die Republik verkündet. Beide Vertreter traten aber für eine Republik mit unterschiedlichen Zielen ein. Die Spartakisten forderten eine Räterepublik nach russischem Vorbild. Die Macht sollte in den Händen der Arbeiter- und Soldatenräte vereinigt und die gesamte Wirtschaft verstaatlicht werden. Die Entscheidung für eine parlamentarische Demokratie fiel im Dezember auf einem Kongress der Arbeiter- und Soldatenräte. Eine große Mehrheit stimmte gegen den Weg der Spartakisten.

Am 1. Januar 1919 gründeten die Spartakisten und andere linksradikale Gruppierungen die Kommunistische Partei Deutschlands (KPD) und riefen zum bewaffneten Kampf gegen den Rat der Volksbeauftragten auf. In dieser provisorischen Regierung versuchten Mitglieder der SPD die dringendsten Fragen zu lösen. Wie erreicht man einen anerkannten Friedensschluss, wie integriert man die zurückkehrenden Soldaten, wie lindert man die Not und das Elend der Bevölkerung. Ebert erkannte, dass der bewaffnete Aufstand der Kommunisten seine Ziele ernsthaft gefährdete. So suchte er die Zusammenarbeit mit der alten Heeresleitung und beauftragte die Reichswehr und zusammengestellte Freikorps, die Aufstände in Berlin niederzuschlagen. Mit äußerster Brutalität ging man vor und wütete eine Woche in Berlin. Zu den bekanntesten Opfern zählten Rosa Luxemburg und Karl Liebknecht, die ehemaligen Führer des Spartakusbundes. Viele Arbeiter sahen in diesem Vorgehen einen Verrat der SPD an ihren Zielen und schenkten den neuen Machthabern kaum noch Vertrauen. Dies stellte eine große Belastung für die junge Republik dar.

Trotz aller Probleme wurde erstmalig in der deutschen Geschichte am 19. Januar 1919 eine Nationalversammlung demokratisch (allgemein, frei, gleich und geheim) gewählt. An dieser durften auch Frauen teilnehmen. Die Wahlbeteiligung war mit 83% sehr hoch. Um der gewählten Nationalversammlung die notwendige Ruhe zur Ausarbeitung einer Verfassung zu ermöglichen, tagte diese nicht im umkämpften Berlin, sondern in Weimar. Am 22. Juni 1919 wurde durch den neu gewählten Reichspräsidenten Friedrich Ebert die Weimarer Verfassung verkündet. Der Weg zu einer parlamentarischen Republik wurde beschritten.

Die Verfaſſung des Deutſchen Reichs

Aufgabe 2:   *Teilt die Klasse in zwei Gruppen! Informiert euch arbeitsteilig über die Parteien SPD und KPD (Ziele, Vertreter, Mitgliederanzahl, Herkunft)! Diskutiert abschließend über Gemeinsamkeiten und Unterschiede! Stellt Vermutungen an, ob eine politische Zusammenarbeit zur damaligen Zeit möglich gewesen wäre!*

Lernwerkstatt „Die Weimarer Republik" - Bestell-Nr. 10 851

KOHL VERLAG   Der Verlag mit dem Esel   www.kohlverlag.de

Aufgabe 3: *Informiert euch im Lexikon oder im Internet über das Leben und die Leistungen des Politikers Friedrich Ebert! Macht euch hier Notizen!*

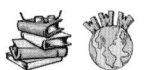

_____

_____

_____

Aufgabe 4: *Der Todestag von Rosa Luxemburg und Karl Liebknecht wird noch heute jährlich geehrt. Recherchiert, wer und mit welchen politischen Absichten daran teilnimmt!*

_____

_____

_____

Aufgabe 5: *Lest den Dialog mit verteilten Rollen in der Klasse und arbeitet die Unterschiede zwischen einer parlamentarischen Republik und einer Räterepublik heraus! Nennt jeweils Vertreter dieser Richtung!*

Am 9. November 1918 treffen sich 2 Arbeitskollegen aus einem Berliner Stahlbaubetrieb am Vormittag.

„He, wo willst du hin?"

„Ich, na ich gehe zum Berliner Schloss."

„Das trifft sich gut, ich gehe zum Reichstag, der sich ja nur drei Fußminuten vom Schloss entfernt befindet. Lass uns doch zusammen gehen. Was findet denn am Schloss statt?"

„Da spricht doch heute Karl Liebknecht vom Spartakusbund. Endlich ist es soweit! Er wird die erste deutsche sozialistische Republik ausrufen. Dann gehört endlich die ganze politische Macht den Arbeiter- und Soldatenräten!"

„Aber eure Räte sind doch nicht vom Volk gewählt. Was wir jetzt brauchen ist eine Nationalversammlung, die demokratisch gewählt werden muss. Erst dann können wir die Folgen des Krieges beseitigen und die Not der Menschen lindern."

„Dann ist doch alles schon wieder vorbei! Wenn wir uns jetzt nicht die ganze Macht nehmen, stehen die alten Kräfte, kaisertreue Beamte und Offiziere, wieder auf und das Blut der gefallenen Soldaten und Arbeiter von Berlin ist umsonst geflossen! Deshalb müssen wir jetzt kämpfen. Wir müssen Klarheit darüber bekommen, dass die Arbeiter- und Soldatenräte die zukünftige gesetzgebende und gewaltausübende Institution sein werden!"

„Was ihr da verlangt geht zu weit. ‚Alle Macht den Räten', wenn ich das schon höre! Rätesystem heißt Bürgerkrieg, Zerstörung, Ungerechtigkeit!"

„Ungerechtigkeit- niemals, denn..."

„Natürlich, die Arbeiter- und Soldatenräte drücken doch nur den Willen der Soldaten und Arbeiter aus, niemals aller Menschen in Deutschland. Die Nationalversammlung, die wir von der SPD wollen, wird aber von allen Menschen gewählt werden. Ich denke, dass das der richtige Weg für die Zukunft ist. Deshalb gehe ich auch zum Reichstag, aber zu Scheidemann, unserem Parteivorstandsmitglied, der wird die demokratische Republik ausrufen!"

KOHL VERLAG   Lernwerkstatt   „Die Weimarer Republik"   -   Bestell-Nr. 10 851   www.kohlverlag.de

EA

Aufgabe 6:   *Bilde mit jeweils zwei Stichworten einen Aussagesatz!*
Sortiere die Sätze entsprechend den historischen Ereignissen!

09. November 1918 – Waffenstillstandsverhandlungen – Matrosen – Ebert – Kriegsende – Oberste Heeresleitung – Friedenssehnsucht – Ausrufung der Republik – Kiel – in großen Städten – Novemberrevolution – Soldaten- und Arbeiterräte – Ausbreitung in Deutschland – Spartakusbund – parlamentarische Demokratie – SPD – Rätedemokratie – Rat der Volksbeauftragten – Nationalversammlung – Weimarer Republik – allgemeine, gleiche und geheime Wahl – erster Reichspräsident

Lernwerkstatt „Die Weimarer Republik" - Bestell-Nr. 10 851

KOHL VERLAG
www.kohlverlag.de

Demokratisch und freiheitlich

Die Wahlen zur Nationalversammlung fanden inmitten der Januarunruhen statt. Trotzdem war die Wahlbeteiligung mit 83% sehr hoch. Erstmals durften auch Frauen wählen und das Wahlalter wurde von 25 auf 20 Jahre herabgesetzt. Die SPD gewann die Wahl mit 37,8%, gefolgt von der Zentrumspartei und der DDP (Deutsche Demokratische Partei). Aufgrund der politischen Unruhen in Berlin trat die gewählte Nationalversammlung am 6. Februar 1919 erstmals in Weimar im Nationaltheater zusammen. Hier bildeten die drei stärksten Parteien eine neue Regierung, die von Philipp Scheidemann (SPD) als Ministerpräsident angeführt wurde. Friedrich Ebert (SPD) wurde mit großer Zustimmung zum Reichspräsidenten gewählt.

Bis zum Sommer war die gewählte Nationalversammlung mit der Ausarbeitung einer neuen Verfassung für die Republik beschäftigt. Diese wurde am 11. August endgültig verabschiedet.

Im Artikel 1 wurde unumstößlich festgelegt, dass alle Staatsgewalt vom deutschen Volke ausgehen solle. Das Volk – Männer und Frauen ab 20 Jahre – erhielten eine Vielzahl von Mitbestimmungsrechten. Sie durften in allgemeinen, gleichen, geheimen und unmittelbaren Wahlen einerseits den Reichstag so-

Propagandawagen der SPD

wie die Landesparlamente wählen. Der zukünftige Reichspräsident wurde direkt durch das Volk für sieben Jahre gewählt. Außerdem sah die Verfassung vor, dass die Menschen durch Volksbegehren und Volksentscheiden mitregieren dürfen. Ein Volksbegehren kann dem Parlament einen Gesetzentwurf vorlegen und dessen Umsetzung verlangen. Ein Volksentscheid ist eine rechtlich bindende Volksabstimmung zu einem Gesetz, dass bei Zustimmung erlassen werden muss. Beide Verfahren kamen in der Zeit der Weimarer Republik zur Anwendung und zogen heftige politische Auseinandersetzungen nach sich.

Der gewählte Reichstag konnte für einen Zeitraum von 4 Jahren Gesetze erlassen. Neben dem Reichstag gab es eine Ländervertretung – den Reichsrat. Er konnte aber bei der Gesetzgebung lediglich beratend zur Verfügung stehen und besaß nur ein aufschiebendes Vetorecht. Eine große Machtfülle erhielt der vom Vertrauen des Reichstages unabhängige Reichspräsident. Er ernannte und entließ die Reichsregierung. Es stand ihm zu, den Reichstag aufzulösen und Neuwahlen anzusetzen. Er war Oberbefehlshaber der Reichswehr und berechtigt, den Belagerungszustand über das gesamte Reichsgebiet zu verhängen. Sollte die Ordnung und Sicherheit im Reich nicht mehr gewährleistet sein, ist es ihm möglich, in der Verfassung festgelegte Grundrechte außer Kraft zu setzen. Diese Machtbefugnisse in den Händen einer einzelnen Person sollten zu Ende der Weimarer Republik verheerende Auswirkungen haben. Die Verfassungsväter haben dies 1919 nicht erkannt.

Diese geschaffene Verfassung galt zur damaligen Zeit als sehr demokratisch und freiheitlich. Sie ermöglichte allen, an der Politik teilzuhaben. Es wurden zahlreiche Grundrechte verankert, die seit 1848 immer wieder erkämpft wurden:

- Alle Menschen sind vor dem Gesetz gleich,
- die Unverletzlichkeit der Person, der Wohnung und des Postgeheimnisses,
- die Freiheit der Meinungsäußerung,
- die Pressefreiheit,
- jeder Mensch besitzt das Recht auf Versammlungs- und Glaubensfreiheit,
- der Schutz der Jugend,
- das Recht auf Unterhaltszahlung bei unverschuldeter Arbeitslosigkeit,
- die Anerkennung der Gewerkschaften als Tarifpartner.

Lernwerkstatt „Die Weimarer Republik" - Bestell-Nr. 10 851

KOHL VERLAG
Der Verlag mit dem Esel

EA

Aufgabe 1: *Welche Vorteile hatte die Weimarer Verfassung gegenüber dem Deutschen Kaiserreich? Erkläre in vollständigen Sätzen!*

EA

Aufgabe 2: *Nenne drei der neuen Mitbestimmungsrechte des deutschen Volkes!*

- _____
- _____
- _____

PA

Aufgabe 3: *Erklärt euch das folgende Schaubild gegenseitig mit euren eigenen Worten!*

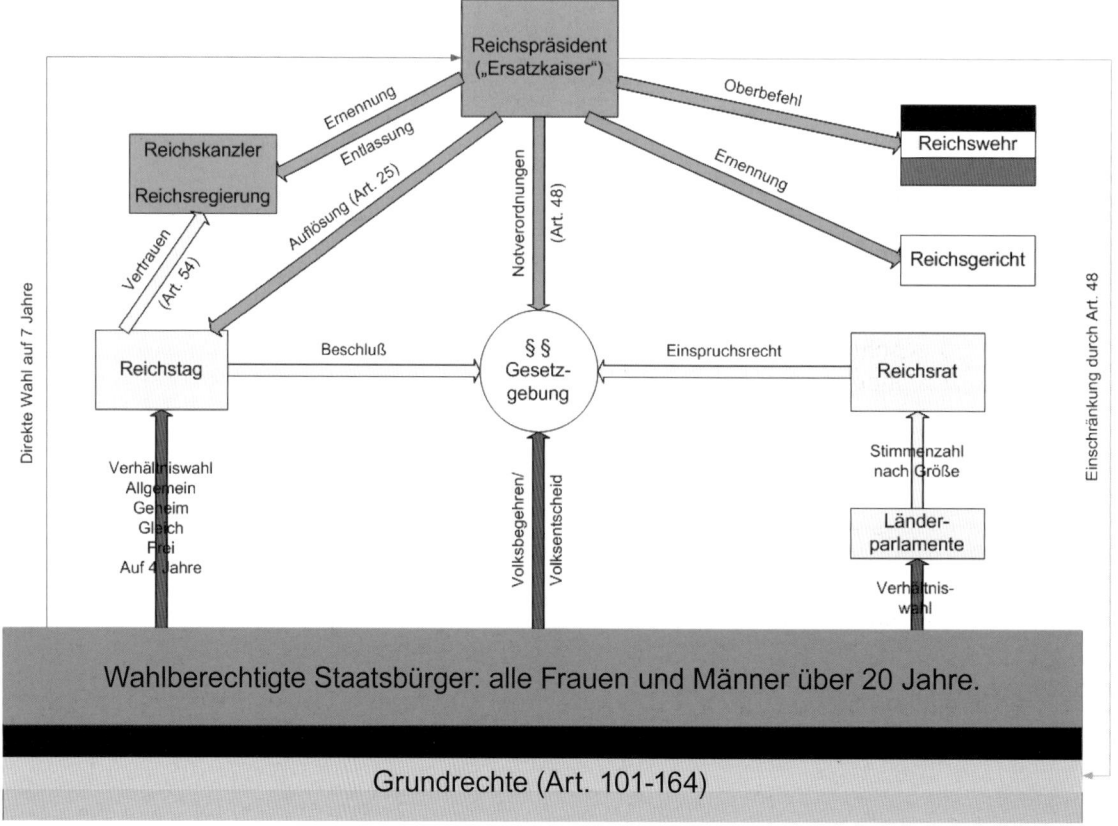

KOHL VERLAG
Der Verlag mit dem Baum

Lernwerkstatt
„Die Weimarer Republik" - Bestell-Nr. 10 851
www.kohlverlag.de

EA

Aufgabe 4: **a)** *In der folgenden Tabelle sind alle Regierungen der Weimarer Republik in ihrer Reihenfolge dargestellt. Betrachte sie aufmerksam!*

Berliner Reichstag

Dauer der Regierung	Koalition
4 Monate, 7 Tage	SPD, Z, DDP
9 Monate, 6 Tage	SPD, Z
2 Monate, 24 Tage	SPD, DDP, Z
11 Monate, 20 Tage	Z, DDP, DVP
5 Monate, 16 Tage	SPD, Z, DDP
13 Monate, 27 Tage	SPD, Z, DDP
8 Monate, 22 Tage	DVP, Z, DDP
1 Monat, 24 Tage	SPD, Z, DDP, DVP
1 Monat, 24 Tage	SPD, Z, DDP, DVP
6 Monate, 4 Tage	Z, DDP, DVP, BVP
7 Monate, 10 Tage	Z, DDP, DVP
12 Monate, 7 Tage	Z, DDP, DVP, DNVP
4 Monate, 23 Tage	Z, BVP, DDP, DVP
8 Monate, 16 Tage	Z, DDP, DVP
17 Monate	Z, BVP, DDP, DVP
21 Monate, 1 Tag	SPD, Z, BVP, DDP, DVP
18 Monate, 10 Tage	Präsidialkabinett*
7 Monate, 22 Tage	Präsidialkabinett
6 Monate, 2 Tage	Präsidialkabinett
1 Monat, 27 Tage	Präsidialkabinett
-	NSDAP, DNVP

SPD	=	Sozialdemokratische Partei Deutschlands
Z	=	Deutsche Zentrumspartei
DDP	=	Deutsche Demokratische Partei
DVP	=	Deutsche Volkspartei
BVP	=	Bayerische Volkspartei
DNVP	=	Deutschnationale Volkspartei
NSDAP	=	Nationalsozialistische Deutsche Arbeiterpartei

*Präsidialkabinett: Regierungen, die allein vom Vertrauen des Reichspräsidenten abhängig sind und keine Mehrheit im Reichstag besitzen.

b) *Welche Aussagen kannst du zur Dauer der Regierungen in der Weimarer Republik machen?*

c) *Vermute, welche Auswirkungen dies auf das Wählerverhalten und das Vertrauen in die Republik bei den Menschen hatte!*

d) *Wie verlässlich waren deiner Meinung nach die Regierungsentscheidungen, wenn man die Dauer ihrer Regierungszeit betrachtet?*

 Lernwerkstatt „Die Weimarer Republik" - Bestell-Nr. 10 851
KOHL VERLAG
www.kohlverlag.de

III. Die Weimarer Verfassung

Aufgabe 5: **a)** *Die Verfassung unseres heutigen Landes sieht kein Volksbegehren und keinen Volksentscheid vor. Tragt Vor- und Nachteile dieses Mitbestimmungsrechtes zusammen!*

Vorteile	Nachteile

b) *Was ist besser? Ein Volksbegehren wie in der Weimarer Republik oder unsere Verfassung heute ohne Volksbegehren? Diskutiert!*

Aufgabe 6: *Unsere heutige Verfassung sieht vor, dass nur Parteien in ein Parlament Vertreter schicken können, wenn sie mindestens 5% aller abgegebenen Stimmen erreichen. In der Weimarer Republik war dies nicht vorgesehen. Hier kamen alle gewählten Parteien entsprechend ihrer Wahlstimmen in das Parlament. Stellt die Vor- und Nachteile dieses Gesetzes dar!*

Vorteile	Nachteile

KOHL VERLAG
Der Verlag mit dem Baum
www.kohlverlag.de
Lernwerkstatt „Die Weimarer Republik" - Bestell-Nr. 10 851

Unruhen und Neuwahlen

Die junge Republik hatte in ihren ersten Jahren enorme Schwierigkeiten, den notwendigen Rückhalt im deutschen Volk zu finden. Die Not und das Elend in der Nachkriegszeit ließen viele Menschen an ein besseres Leben in der Demokratie zweifeln. Viele wünschten sich die „schöne und ruhige" Zeit des Kaiserreiches zurück.

Für den verlorenen Krieg übernahmen die militärischen Oberbefehlshaber keinerlei Verantwortung. Die Friedensunterzeichnung überließen sie den neu gewählten Machtinhabern. Sie selbst behaupteten immer, dass die deutsche Armee „im Felde unbesiegt" blieb und durch die Novemberrevolution verraten wurde. Die „Dolchstoßlegende" war geboren – für die militärische Niederlage waren die inneren Zustände in Deutschland schuldig. Die Heimat sei den kämpfenden Soldaten in den Rücken gefallen. Hindenburg, ein berühmter und viel beachteter General, erklärte dem Untersuchungsausschuss der Nationalversammlung, dass die deutsche Armee von hinten „erdolcht" wurde und deshalb den Krieg verlor. Viele Bürger glaubten dieser Legende und waren den neuen Machthabern gegenüber sehr skeptisch.

Die Verhandlungen um einen Friedensvertrag führte ebenfalls die gewählte Regierung und sah sich hiermit neuen Schwierigkeiten ausgesetzt. Deutschland wurde eine Vielzahl von Bedingungen aufgezwungen:

Große Gebiete im Osten und Westen von Deutschland mussten abgetreten werden, sämtliche Kolonien wurden verloren, die deutsche Armee wurde entwaffnet und auf ein 100 000-Mann-Heer beschränkt, Deutschland musste riesige finanzielle Wiedergutmachungen (Reparationen) an die Siegermächte zahlen und Deutschland bekam die alleinige Kriegsschuld. Ein Aufschrei über diesen Vertrag durchlief das deutsche Volk. Trotzdem sah sich die Regierung durch den äußeren Druck der Sieger gezwungen, diesen Vertrag zu unterzeichnen. Die Menschen sprachen nur vom Schanddiktat und waren über ihre Regierung sehr enttäuscht.

Die Entwaffnung der zurückkommenden Soldaten verlief sehr schwierig. Sie waren überzeugt, dass sie unbesiegt waren und von der Novemberrevolution verraten wurden. Um einer Entwaffnung zu entgehen, bildeten sie zahlreiche Freiwilligenverbände (Freikorps). Diese waren streng militärisch organisiert und wurden weiterhin von der Obersten Heeresleitung geführt.

Als die Regierung auf Weisung der Siegermächte die Entwaffnung und Auflösung einer Vielzahl von militärischen Einheiten und Freikorps durchsetzen wollte, weigerten sich diese, die Anweisung umzusetzen und besetzten am 13. März 1920 das Berliner Regierungsviertel unter der Leitung von Wolfgang Kapp. Dieser erklärte die bisherige Regierung für abgesetzt und die Nationalversammlung für aufgelöst. Er ernannte sich zum Reichskanzler. Die Regierung floh nach Dresden und rief alle Gewerkschaften zum Generalstreik gegen den Kappputsch auf. Die meisten Arbeiter und Angestellten folgten dem Aufruf. Die Reichswehr verweiger-

te jedoch die militärische Niederschlagung des Putsches. „Reichswehr schießt nicht auf Reichswehr" - war die Begründung. Nach vier Tagen sahen die Putschisten ein, dass sie verloren haben und flüchteten aus der Hauptstadt. Gleichzeitig nutzten die Kommunisten den Generalstreik und bildeten im Ruhrgebiet eine „Rote – Ruhr - Armee". Gegen diese wurde die Reichswehr eingesetzt, die diesen Aufstand blutig zerschlug. Der Wehrminister Noske (SPD) musste zurücktreten, weil er auf revolutionäre Arbeiter schießen ließ, aber den Einsatz gegen putschende Militärs verbot.

Putschisten

Im Juni 1920 fanden aufgrund dieser Vorfälle Neuwahlen statt. Das Ergebnis wies den Links- und Rechtsparteien viele neue Stimmen zu. Die Weimarer Regierung verlor ihre Mehrheit. Die SPD war nun nicht mehr Mitglied in der neuen Regierung.

IV. Anfangsschwierigkeiten der jungen Republik

EA

Aufgabe 1: *Beantworte die folgenden Fragen in vollständigen Sätzen!*

a) Wer musste für den verlorenen Krieg die Verantwortung übernehmen?

b) Was besagt die Dolchstoßlegende?

c) Warum galt der Versailler Friedensvertrag für die meisten Deutschen als unannehmbar?

Teilnehmer des Kapp-Putsches

d) Was ist ein Freikorps?

e) Warum kam es zum Kapp-Putsch?

KOHL VERLAG   Lernwerkstatt „Die Weimarer Republik"   -   Bestell-Nr. 10 851   www.kohlverlag.de

f) Wie reagierten die Regierung und die Reichswehr auf den Kapp-Putsch?

_____

_____

g) Was passierte im Ruhrgebiet zur selben Zeit?

_____

_____

EA

Aufgabe 2:   **a)** *Lies, was der Journalist Kurt Tucholsky im Jahre 1919 schrieb!*

Die Generäle habens gesagt
und haben die Heimat angeklagt.
Die Heimat – heißt es – erdolchte das Heer.
Aber die Heimat litt viel zu sehr!
Sie schrie und ächzte unter der Faust.
Es würgt der Hunger, der Winterwind saust.
Ihr habt der Heimat erst alles genommen
Und seid noch besiegt zurückgekommen.
Besiegt hat euch euer eigener Wahn.
Dreimal kräht jetzt der biblische Hahn.
Und nach so vielen Fehlern und falschen Taten
Habt ihr nun auch die Heimat verraten.
Die Heimat, die Frauen, die Schwachen, die Kranken –
Wir danken, Generäle, wir danken!

b) *Erklärt die Bedeutung des Gedichtes mit euren eigenen Worten!*

_____

_____

c) *Welche Meinung vertritt Kurt Tucholsky zur Dolchstoßlegende?*

_____

_____

KOHL VERLAG   Lernwerkstatt „Die Weimarer Republik" - Bestell-Nr. 10 851
www.kohlverlag.de

V. Das Krisenjahr 1923

Die große Wirtschaftskrise

Es grenzt fast an ein Wunder, dass der erste deutsche demokratische Staat dieses Jahr überstanden hat und nicht zusammengebrochen ist. Deutschland stand am Abgrund, ist aber nicht abgestürzt – zum Glück für alle Deutschen und für Europa, so schrieb der britische Botschafter in der Silvesternacht 1923 in sein Tagebuch.

Was ist geschehen in diesem „Krisenjahr", „Schicksalsjahr" oder im „unseligen Jahr", wie es die deutschen Bürger nannten?

Am Ende des Jahres 1922 stellte die französische Regierung fest, dass Deutschland nicht, wie im Friedensvertrag festgeschrieben, seinen Verpflichtungen nachgekommen war. Es war zu wenig Holz und Kohle an Frankreich geliefert worden. Die deutsche Regierung machte die zerrütteten Verhältnisse in Deutschland dafür verantwortlich und bat um

Deutsche Reparationslieferungen

Erleichterungen und Aufschübe bei der Erfüllung der Reparationen. Frankreich duldete keinen Aufschub und besetzte das Ruhrgebiet mit eigenem Militär, um die Lieferungen zu kontrollieren. Ein Aufschrei lief durch das gesamte deutsche Volk. Alle Parteien waren sich einig, dass dieser Vorgang nicht geduldet werden konnte. Man rief die Bevölkerung in den besetzten Gebieten zum passiven Widerstand auf. Arbeiter, Angestellte und Beamte traten in einen Streik. Frankreich reagierte daraufhin mit der Absperrung des Ruhrgebietes vom Reich. Die Reichsregierung unterstützte die Streikenden mit täglich 40 Millionen Goldmark. Durch diese politische Entscheidung wurde das anfällige finanzielle System in Deutschland so stark angespannt, dass es endgültig zusammenbrach.

Aufgabe 1: **a)** *Gegen welche Verpflichtungen des Versailler Vertrages hatte Deutschland verstoßen und wie reagierte Frankreich darauf?*

EA

_____

_____

_____

b) *Wieso war Frankreich dazu legitimiert, diese radikale Maßnahme durchzuführen?*

_____

_____

Aufgabe 2: *Beschreibe die Reaktionen der deutschen Bevölkerung im Ruhrgebiet, im restlichen Land und die der deutschen Regierung! Überlege, ob es noch andere Alternativen für die Regierung gegeben hätte!*

EA

Lernwerkstatt „Die Weimarer Republik" - Bestell-Nr. 10 851

KOHL VERLAG
Der Verlag mit dem Baum
www.kohlverlag.de

Totale Geldentwertung

Bereits im Laufe des 1. Weltkrieges ließ die Regierung mehr Geld drucken, um den Krieg finanzieren zu können. Immer mehr Geld kam in den Umlauf – Waren konnte man sich dafür aber kaum kaufen. Die Preise stiegen. Am Ende des Krieges musste Deutschland, wie im Versailler Vertrag festgeschrieben, hohe Kriegsschulden an die Siegermächte überweisen. Woher aber das Geld nehmen? Neue Steuern wollte man der Bevölkerung nicht zumuten – man druckte weiteres Geld. Das Geld entwertete sich zunehmend. Die Preise für alle Waren stiegen weiter.

Mit der Entscheidung, die Streikenden im Ruhrgebiet finanziell zu unterstützen, ohne dass die Staatseinnahmen wuchsen, fiel der Wert der Mark in bodenlose Tiefe. Niemand wollte das Papiergeld behalten. Die Inflation – so nennt man den Vorgang, wenn Geld seinen Wert verliert – zog dramatische Folgen für den größten Teil der deutschen Bevölkerung nach sich.

Nachdem sich das Guthaben von allen Menschen, die etwas Geld angespart hatten, ins Nichts aufgelöst hatte, war jeder bestrebt, das Geld schnellstmöglich in Waren zu tauschen. Das führte soweit, dass die Arbeiter wöchentlich ihren Lohn in großen Rucksäcken oder Wäschekörben nicht nach Hause trugen, sondern sofort zum Bäcker liefen, um dafür noch Brot kaufen zu können. Immer zur Mittagszeit wurden die Brotpreise erhöht. Jeder war Millionär, aber niemand war satt!

Auf den Geldscheinen erschienen Zahlen von unvorstellbarer Größe: Millionen und Milliarden standen auf ihnen. Die Gelddruckereien kamen weder mit dem Drucken neuer Geldscheine hinterher, noch besaßen sie genügend Papier – das mittlerweile teurer war als der Wert des Geldscheines! Man nahm nun Stempel und bedruckte alte Geldscheine neu. Um die Inflation zu verdeutlichen, sei ein Beispiel genannt. Kostete ein Frühstücksei am 6. Juni 1912 noch 7 Reichspfennige, musste man 6. August 1923 dafür 923 Reichsmark bezahlen. Einen Monat später zahlte man 2,1 Millionen Mark, im Oktober 227 Millionen, im November 22,7 Milliarden – wenn man denn zu diesem Zeitpunkt noch ein Ei kaufen konnte! Schon seit dem Sommer gingen die Menschen dazu über, nur noch Waren miteinander zu tauschen. Niemand wollte das Papiergeld besitzen. Fast die gesamte deutsche Bevölkerung lebte in völliger Armut. Egal ob Arbeiter, Angestellte, Handwerker, kleine Unternehmer, Ärzte, Rechtsanwälte und Beamte – alle hatten ihre Ersparnisse verloren, waren vollständig mittellos und von der jungen Republik maßlos enttäuscht und verbittert. Einzig die großen Industriellen konnten in dieser Zeit ihren Reichtum vergrößern. Sie waren die Einzigen mit den notwendigen Beziehungen, um von den Banken Kredite zu bekommen. Diese nutzten sie, um neue Betriebe aufzukaufen. Da sich das Geld aber täglich weiter entwertete, war die Rückzahlung des Kredites schon nach ein paar Wochen spielend möglich.

Der Staat konnte nun die Reparationen an die Siegermächte abzahlen. Seine gesamten Kriegsschulden sanken am 15. November 1923 auf den Wert von 16,4 Pfennig. Gleichzeitig war aber das Vertrauen der meisten Deutschen in die junge Demokratie zutiefst erschüttert. Sie fühlten sich von der Regierung belogen und betrogen.

Nach dem Abbruch des Streiks im Ruhrgebiet wurde im November 1923 das wertlose Geld in die neu eingeführte Rentenmark getauscht. Man musste 1 Billion Reichsmark (1'000'000'000'000) geben, um eine Rentenmark zu erhalten. Der Währungstausch glückte, man drosselte die Staatsausgaben, erhöhte die Steuern und die Wirtschaft erholte sich schnell. Deutschland stand vor dem Abgrund, konnte sich aber eine Brücke bauen und beschritt diese in eine glücklichere Zeit.

KOHL VERLAG   Der Verlag mit dem Baum   www.kohlverlag.de   Lernwerkstatt   „Die Weimarer Republik"   -   Bestell-Nr. 10 851

EA

Aufgabe 3: *Beantworte die folgenden Fragen in vollständigen Sätzen!*

a) Was ist eine Inflation?

_____

_____

_____

b) Wie kam es zur Inflation?

_____

_____

_____

c) Welche Auswirkungen hatte die Inflation für die deutsche Bevölkerung?

_____

_____

_____

d) Was bedeutet die folgende Aussage: „Jeder war Millionär, aber niemand war satt."?

_____

_____

_____

e) Welche Maßnahmen ergriff die Regierung gegen die Geldentwertung?

_____

_____

_____

Kinder vor Riesengeldstapel

Lernwerkstatt „Die Weimarer Republik" - Bestell-Nr. 10 851

KOHL VERLAG
Der Verlag mit dem Esel
www.kohlverlag.de

Bild 1

Bild 2

Alle vier Bilder stammen aus der Zeit der Inflation.

Bild 3

Bild 4

Aufgabe 4:   *Betrachtet die Bilder! Stellt Vermutungen an, was dargestellt ist!*
Findet passende Überschriften für die Bilder!

Bild 1: _____

Bild 2: _____

Bild 3: _____

Bild 4: _____

KOHL VERLAG   Der Verlag mit dem Esel   www.kohlverlag.de   Lernwerkstatt „Die Weimarer Republik"   -   Bestell-Nr. 10 851

Das Ansehen Deutschlands bessert sich

Die Krisenjahre von 1919 bis 1923 wurden von der jungen Republik gemeistert. Einen entscheidenden Beitrag dazu trugen die Politiker Friedrich Ebert, Walther Rathenau und Gustav Stresemann. Stresemann hatte als Reichskanzler 1923 den Abbruch des Ruhrkampfes gegen große Widerstände in der deutschen Bevölkerung durchgesetzt sowie die Inflation durch die Einführung der Rentenmark stoppen können. Durch beide Maßnahmen verlor er zwar das Vertrauen als Kanzler, blieb aber bis zu seinem Tod 1929 Außenminister. In diesen Jahren prägte er durch seine Verständigungspolitik die Zeit so maßgeblich, dass sie von Historikern auch als „Ära Stresemann" bezeichnet wird.

Gustav Stresemann

Durch die Aufgabe des Ruhrkampfes und die Beseitigung der Inflation waren die Grundlagen geschaffen worden, die Frage der Reparationen neu zu verhandeln. Dazu wurde 1924 unter dem amerikanischen Finanzexperten Charles G. Dawes ein Sachverständigenausschuss gebildet, der die Neuregelung ausarbeiten sollte. Dies geschah unter sachlichen und machbaren Aspekten. Heraus kam ein Vertragswerk, das für Deutschlands Entwicklung sehr positiv war. Man zahlte für die nächsten fünf Jahre eine feste Rate, die sich nach der wirtschaftlichen Machbarkeit richtete. Frankreich und Großbritannien sahen ein, dass auf die einstigen Reparationsforderungen im Versailler Vertrag verzichtet werden musste, wollte man weiterhin das friedliche Zusammenleben in Europa sichern und ausbauen. Der Dawesplan sicherte Deutschland 800 Millionen Goldmark als amerikanischen Kredit zu. Dies war der Startschuss für eine Vielzahl ausländischer Kredite, die die deutsche Wirtschaft ankurbelte und diese sichtbar in den nächsten Jahren wachsen ließ.

Für den Außenminister Stresemann war klar, dass Deutschland sich aus der politischen Isolation befreien müsse. Dazu war ein Ausgleich mit Frankreich notwendig. Gegen starke Widerstände aus der rechten politischen Seite ging er diesen Weg konsequent. Dazu lud er zu einer Konferenz in Locarno (Schweiz) ein. Hier trafen sich die Außenminister von Deutschland, Frankreich, Großbritannien, Belgien, Italien, Polen und der Tschechoslowakei. Man verhandelte über die Friedenssicherung und friedliche Regelung von Streitigkeiten. Im Ergebnis wurde die Westgrenze, so wie sie im Versailler Vertrag festgelegt wurde, von allen Staaten anerkannt und auf eine gewalttätige Veränderung dieser verzichtet. Dieses Vertragswerk fand international eine sehr hohe Zustimmung. Innenpolitisch wurde es von den Rechten als „Erfüllungspolitik" gegenüber den Feinden bekämpft.

Der Vertrag von Locarno bereitete Deutschland den Weg in den Völkerbund.

Der Völkerbund wurde nach dem 1. Weltkrieg auf Betreiben des amerikanischen Präsidenten Wilson ins Leben gerufen. Durch diesen Bund aller Staaten sollte ein zukünftiger Krieg schon im Vorfelde diplomatisch geklärt und somit verhindert werden.

Im September 1926 war es dann soweit. Deutschland wurde in den Völkerbund aufgenommen und erhielt einen ständigen Ratssitz. Damit war Deutschland wieder ein voll anerkanntes, gleichberechtigtes Mitglied in Europa. Diese Entwicklung war hauptsächlich dem Außenminister Stresemann zu verdanken, der für seinen politischen Einsatz in diesem Jahre den Friedensnobelpreis erhielt.

Lernwerkstatt „Die Weimarer Republik" - Bestell-Nr. 10 851

KOHL VERLAG
Der Verlag mit dem Baum
www.kohlverlag.de

VI. Außenpolitische Erfolge und der Völkerbund

Aufgabe 1: 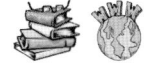  *Diskutiert über das Verhältnis Deutschlands zu Frankreich. Informiert euch hierzu nochmals über den deutsch-französischen Krieg von 1870/71, den Versailler Vertrag und die Ruhrbesetzung. Stellt Vermutungen an, wie das Vertragswerk auf die Menschen in Frankreich und Deutschland gewirkt haben muss. Notiert eure Ergebnisse im Heft!*

Französische Soldaten während der Ruhrbesetzung

EA

Aufgabe 2: *Bei der folgenden Aufgabe sind die Antworten schon vorgegeben. Deine Aufgabe ist es nun, passende Fragen zu formulieren!*

a) _____

Antwort: Der Völkerbund wurde auf Betreiben des amerikanischen Präsidenten Wilson ins Leben gerufen.

b) _____

Antwort: Er sollte Kriege im Vorfeld durch friedliche Konfliktlösungen verhindern.

c) _____

Antwort: Deutschland wurde durch die Aufnahme in den Völkerbund anerkanntes Mitglied in der europäischen Staatengemeinschaft.

d) _____

Antwort: Gustav Stresemann, deutscher Außenminister, war maßgeblich an der Aussöhnungspolitik mit Frankreich beteiligt.

e) _____

Antwort: Die rechten Kreise in Deutschland lehnten die Versöhnungspolitik grundsätzlich ab.

f) _____

Antwort: Er erhielt den Friedensnobelpreis für seine politischen Leistungen.

Lernwerkstatt „Die Weimarer Republik" - Bestell-Nr. 10 851
KOHL VERLAG
www.kohlverlag.de

Aufgabe 3: *Ergänze den Lückentext!*

EA

Die Krisenzeit zwischen _____ und _____ wurde von der jungen

Republik gemeistert. Hieran schloss sich die _____.

Sie wird nach dem erfolgreichen Politiker Stresemann benannt. Dieser wirkte

als _____ und _____ in der Weimarer

Republik. Er legte durch Beendigung des _____ und die

Beseitigung der _____ die Grundlagen für eine bessere Zukunft.

1924 trafen sich die Siegermächte und Deutschland in einem neu gegründe-

ten _____ unter der Leitung des Amerikaners

_____. Hier sollte die Reparationszahlung neu verhandelt werden.

_____und _____erkannten, dass Deutsch-

land unmöglich den Forderungen des _____

_____ nachkommen konnte. Das _____ in

Europa war wichtiger. Der Dawesplan sah vor, dass Deutschland in den nächsten

fünf Jahren eine feste Rate zu zahlen habe, die sich _____

_____ ausrichtete. Gleichzeitig sicherte die USA Deutschland

_____ zu. Dies war der Beginn ei-

ner Vielzahl von ausländischen Krediten, die die _____

ankurbelten.

Aufgabe 4: *Beschreibe den außenpolitischen Weg von Deutschlands politischer
Isolation 1919 bis zu seiner vollständigen Anerkennung durch die
Aufnahme in den Völkerbund 1926!*

EA

_____

_____

_____

_____

KOHL VERLAG   Lernwerkstatt
„Die Weimarer Republik" - Bestell-Nr. 10 851
www.kohlverlag.de

Aufgabe 5: *Entwerft einen kurzen Artikel für die Schülerzeitschrift, warum es wichtig ist zur versuchen, Konflikte zwischen zwei Staaten friedlich zu lösen!*

Aufgabe 6: *Sammelt Informationen über Gustav Stresemann und verfasst einen Lebenslauf über den bekannten deutschen Politiker!*

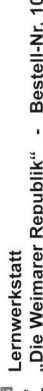

Lernwerkstatt „Die Weimarer Republik" - Bestell-Nr. 10 851

KOHL VERLAG

www.kohlverlag.de

Aufgabe 7: *Das folgende Plakat zeigt einen farbigen französischen Soldaten am Rhein. Zeigt anhand dieses Plakates auf, wie die rechtsgerichteten Parteien zur Verständigungspolitik Stresemanns standen!*

PA

Wahlplakat der Deutschnationalen zur Reichstagswahl 1928

_____

_____

_____

_____

_____

_____

Aufgabe 8: *Forscht nach, wie die einzelnen Parteien zu dem Thema LOCARNO standen! Gab es noch weitere ähnliche Plakate, wie oben abgebildet?*

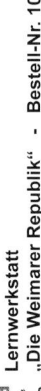

Lernwerkstatt „Die Weimarer Republik"   -   Bestell-Nr. 10 851

KOHL VERLAG   www.kohlverlag.de

Wirtschaftlicher Aufschwung

Durch die finanzielle Neuordnung (Währungsreform, Neuregelung der Reparationen) wurde eine wichtige Voraussetzung für den wirtschaftlichen Aufbau geschaffen. Hinzu kamen die außenpolitischen Erfolge Stresemanns. Durch diese wurden der deutschen Industrie zahlreiche Kredite ausländischer Banken ermöglicht. Die Betriebe rationalisierten ihren Ablauf durch die Anschaffung neuer Maschinen sowie die Modernisierung ihrer Anlagen und schafften somit den Anschluss an die Weltkonjunktur. Insbesondere in der Chemie und Elektrobranche wuchs man zu Weltmarkt-

führern heran. So umfasste der Konzern IG-Farben 90% aller chemischen Unternehmen in Deutschland. AEG, Siemens und Bosch waren die führenden Unternehmen im Elektrobereich. Zwischen den Jahren 1924 und 1929 stieg der deutsche Export um mehr als das Doppelte an. Autos, Schiffe, Flugzeuge, chemische und elektrische Produkte aus Deutschland waren weltweit gefragt und begehrt.

Die Produktivität der Arbeit konnte durch die Übernahme der Fließbandarbeit aus den USA wesentlich gesteigert werden. Henry Ford ließ in seiner Werkhalle zur Autoproduktion eine neuartige Produktionsweise installieren. Die Betriebsräume wurden von einem Fließband durchzogen, auf denen die Autos von den Arbeitern zusammengesetzt wurden. Jeder Einzelne hatte nur einen bestimmten Arbeitsschritt zu erfüllen. Dieser musste in einem vorgegebenen Zeitintervall abgeschlossen sein, da sich das Fließband immer weiter bewegte. Den Arbeitstakt bestimmte also nun die Maschine, nicht mehr der Arbeiter. Diese Arbeitsweise wurde durch die Daimler-Benz AG in Deutschland eingeführt und fand durch seine hohe Produktivität schnell Nachahmer. Der Weg zur Massenproduktion war gelegt. Die Gewinne der Unternehmen sprudelten wieder. Gleichzeitig stiegen aber auch die Löhne der Arbeiter, Angestellten und Beamten auf Vorkriegsniveau an. Man musste sich nun keine Sorgen mehr machen, ob der Lohn für das Essen reichte. Endlich blieb Geld übrig, um neue Konsumgüter kaufen zu können und Unternehmungen in der Freizeit zu finanzieren. Es schien, als könnte nun ein besseres Leben beginnen.

EA

Aufgabe 1: *Beschreibe mit deinen eigenen Worten, warum es zu einem wirtschaftlichen Aufschwung in Deutschland in den Jahren 1924-28 kam!*

KOHL VERLAG — Lernwerkstatt „Die Weimarer Republik" — Bestell-Nr. 10 851
www.kohlverlag.de

EA

Aufgabe 2: *In Deutschland wurde die Produktivität der Betriebe durch die Übernahme der Fließbandarbeit aus den USA wesentlich gesteigert. Überlege, ob die nachfolgenden Erklärungen eher positiv oder negativ zu bewerten sind und kreuze dementsprechend in der Tabelle an! Vergleiche anschließend mit deinem Tischnachbarn und diskutiert über eventuelle Unterschiede!*

Aussage	positiv	negativ
Kostengünstige Massenproduktion von Waren		
Hohe Spezialisierung der Arbeit von Fachkräften (monotoner Arbeitsablauf)		
Konsequente Anordnung von Arbeitsplätzen in der Werkhalle		
Große Störanfälligkeit bei Ausfall einer Maschine		
Arbeiter haben nur einen geringen Entscheidungs- und Handlungsspielraum		
Lager für Zwischenprodukte werden kaum noch benötigt		
Vielfalt der Endprodukte ist stark eingeschränkt		

GA

Aufgabe 3: *Waren die einfachen Arbeiter und Angestellten am Wirtschaftsaufschwung beteiligt? Wie wirkte sich dies auf ihr Verhältnis zur jungen Republik und zur Demokratie aus? Stellt gemeinsam Vermutungen an und haltet diese anschließend unten fest!*

_____

_____

_____

_____

Lernwerkstatt „Die Weimarer Republik" - Bestell-Nr. 10 851

KOHL VERLAG
www.kohlverlag.de

Mobilität im alltäglichen Leben

Das Fahrrad war noch das wichtigste Verkehrsmittel in den Zwanzigerjahren. Doch die Motorisierung der Welt beginnt und ist nicht mehr aufzuhalten.

Man war bestrebt, dem wachsenden Interesse an höherer Mobilität im alltäglichen Leben gerecht zu werden. In den ständig wachsenden Großstädten schuf man neue Verkehrswege. Straßenbahnen und U-Bahnen wurden gebaut. Die durch den Krieg in Mitleidenschaft gezogenen Straßen baute man aus oder verbreiterte sie. Um den Verkehrsfluss in den Städten zu erhöhen, durfte man ab dem Jahre 1923 mit 30 km/h innerhalb von Ortschaften fahren, bisher waren nur 15 km/h erlaubt. Durch den enorm gewachsenen Straßenverkehr sah man sich gezwungen, erste Regelungen zu treffen. So wurde 1926 der Mittelstreifen, der die beiden Fahrbahnseiten trennte, eingeführt. Erste Ampelanlagen wurden in Berlin in Betrieb genommen. Trotzdem gab das Fahrverhalten vieler Autofahrer zur damaligen Zeit Anlass zur Sorge. Große Kreuzungen erhielten nun eigene Verkehrstürme, die durch Polizisten besetzt waren. Der zunehmende Fernverkehr ließ erste Konzepte für ein deutsches Autobahnsystem entstehen. Im Jahr 1926 wurde die Deutsche Luft-Hansa AG gegründet. Sie setzte ein Ganzmetallflugzeug, die F 13, ein, welches extra für den Passagierflugverkehr entwickelt wurde. Sie besaß im Gegensatz zu bisherigen Flugzeugen eine geschlossene Kabine für zwei Piloten und vier Gäste. Sie stellte das Vorbild für alle nachfolgenden Verkehrsflugzeuge dar.

Mit den Zeppelinen konnte man über den Atlantik Richtung Amerika fliegen.

EA

Aufgabe 4: *Beantworte die folgenden Fragen in vollständigen Sätzen! Schreibe in dein Heft/in deinen Ordner!*

a) Welche Entwicklung machte das Verkehrswesen in dieser Zeit? Erkläre mit deinen eigenen Worten!

b) Was war ursprünglich das wichtigste Verkehrsmittel der zwanziger Jahre?

c) Welche Gefahr entstand durch das stark gewachsene Verkehrsaufkommen? Wie wirkte man dem entgegen?

GA

Aufgabe 5: *Auch heute fordern industrielle oder gesellschaftliche Veränderungen innovative Veränderungen in der Verkehrs- und Baustruktur von Ballungszentren. Was fällt euch dazu in der Gruppe ein? Diskutiert!*

Lernwerkstatt „Die Weimarer Republik" - Bestell-Nr. 10 851
KOHL VERLAG
www.kohlverlag.de

EA

Aufgabe 6: *Was bedeutet Mobilität im alltäglichen Leben? Was bedeutet Mobilität für dich? Erkläre!*

🖉 _____

_____

_____

_____

_____

EA

Aufgabe 7: *Du hast im Text viel über neue Reise-möglichkeiten erfahren. Diese konnten aber nur durch einen kleinen Teil der Gesellschaft genutzt werden. Welcher Satz im Text beweist diese Aussage? Schreibe ihn hier heraus!*

_____

_____

GA

Aufgabe 8: *Findet in Kleingruppen Fotos zu den jeweiligen Verkehrsmitteln der damaligen Zeit und präsentiert diese mit zusätzlichen Informationen eurer Klasse! Teilt euch dazu arbeitsteilig auf (Auto, Straßenbahn, Eisenbahn, Flugzeuge)!*

Verkehrsmittel: _____

Was wollen wir wissen? _____

_____

Mögliche Strecken: _____

_____

Zeit/Geschwindigkeit der Reise: _____

_____

Lernwerkstatt „Die Weimarer Republik" - Bestell-Nr. 10 851

KOHL VERLAG
www.kohlverlag.de

Die Frauen emanzipieren sich

Nach dem verlorenen Weltkrieg konnte man den Frauen ihre demokratischen Rechte nicht weiter vorenthalten. Zu groß waren die wirtschaftlichen und sozialen Umwälzungen. Schon 1918 erhielten alle Frauen das eigene Wahlrecht. Durch den hohen Arbeitskräftebedarf in der wachsenden Wirtschaft taten sich für die Frauen neue Berufsfelder auf und sie strömten zu Millionen ins Wirtschaftsleben. Besonders im Büro und in der Verwaltung fanden sie ihr eigenes Auskommen. Sie waren nun wirtschaftlich nicht mehr so stark von den Männern abhängig. Ihr Selbstbewusstsein wuchs und sie machten sich von vielen Vorstellungen, die sie bisher einengten, frei. Das zeigte sich besonders in der Mode und der Frisur. Kurze Röcke waren auf der Straße zu sehen, dazu Kurzhaarfrisuren, so genannte Bubiköpfe. Man tanzte Charleston und getraute sich in aller Öffentlichkeit zu rauchen. Auch die technischen Fortschritte förderten die Unabhängigkeit der Frauen. Durch die Entwicklung von Kühlschränken, Staubsaugern und Waschmaschinen ersparte sich eine Vielzahl von Frauen wertvolle Zeit, die sie nun für ihre Freizeitgestaltung nutzen konnten.

EA

Aufgabe 9: *Was hat sich im Leben der Frauen verändert?*
Liste die Veränderungen auf!

GA

Aufgabe 10: *Recherchiert im Internet über das Leben der Frauen in der Weimarer Republik! Welche Zusatzinformationen könnt ihr finden? Sucht nach Bildern!*

EA

Aufgabe 11: *Die Frau erreichte während der Zeit der Weimarer Republik einen Großteil ihrer Unabhängigkeit und Selbstbestimmung. Entwickle ein kurzes Referat zum Thema und trage es der Klasse vor!*
Nutze dazu folgende Leitfragen:

* Warum konnte man den Frauen demokratische Rechte nicht mehr vorenthalten?
* Nenne hierzu Beispiele, die du in den ersten Kapiteln erfahren hast.
* In welchen Berufsfeldern arbeiteten überwiegend Frauen?
* Was bedeutet finanzielle Unabhängigkeit?
* Wie äußert sich die neue Freiheit?

KOHL VERLAG   Lernwerkstatt "Die Weimarer Republik" - Bestell-Nr. 10 851   www.kohlverlag.de

Das kulturelle Leben

Mit der Überwindung der wirtschaftlichen und gesellschaftlichen Schwierigkeiten ab dem Jahr 1924 nutzten die Menschen die durch die Weimarer Verfassung genutzten Freiheiten. Das geistige und künstlerische Leben blühte auf. Insbesondere das Theater und das sich entwickelnde Kino wurden durch die Künstler genutzt, um den Zuschauern ihre Sicht auf die Realität zu vermitteln.

1928 schufen Bertolt Brecht und Kurt Weill das Musicaltheaterstück „Die Dreigroschenoper", einen der größten Theatererfolge der Weimarer Republik. Alfred Döblin schilderte in seinem Werk „Berlin Alexanderplatz" das Leben des kleinen Mannes in der Großstadt. Berlin entwickelte sich zu einer Weltmetropole. Mehr als vier Millionen Menschen wohnten mittlerweile hier. Die Stadt pulsierte und verkörperte die moderne Welt. Berlin – das war die deutsche Theaterhauptstadt. Durch diese künstlerische Vielfalt und der vorherrschenden Unbekümmertheit vieler Menschen lebte das Nachtleben in der Großstadt auf. In Nachtklubs wurde Jazz- und Swingmusik aus den USA gehört und der Charleston getanzt.

Sicherlich konnte sich dieses aufregende Leben nur ein kleiner, wohlhabender Teil der Bevölkerung leisten, trotzdem kam die breite Masse nicht zu kurz. Sie besuchte die ersten Tonfilme im Kino. Große Erfolge erzielten die Filme „Metropolis", „Dr. Mabuse" oder „Der blaue Engel" mit Marlene Dietrich. Das Radio begann in dieser Zeit seinen Siegeszug. Vom Film und Radio profitierte die Schallplatte (Vorgänger der CD). Jeder wollte nun die Musik zu Hause hören und kaufte sich aus diesem Grund ein Grammofon. Gemeinsam traf man sich in der Freizeit in den neu geschaffenen Schwimmbädern, Freizeitparks und Sportanlagen. Die beliebtesten Sportarten zu dieser Zeit waren Fußball, Boxen und Radsport.

In der Architektur spielte der „Bauhausstil" eine wegweisenden Rolle. Walter Gropius arbeitete und lehrte in Dessau. Hier wurden erstmals Bildende Kunst, Handwerk und Technik miteinander verbunden und nicht mehr als einzelnes Arbeitsgebiet angesehen. Klare Linien und Funktionalität waren das neue Prinzip.

Man sprach seit 1923 in der Baukunst somit von der „Neuen Sachlichkeit". Durch diese wurde die Malerei zu dieser Zeit stark inspiriert. In Dessau unterrichteten die bekannten Maler Wassily Kandinsky sowie Paul Klee. Beiden gingen in ihren Bildern von der Farbe und der Form aus und begründeten somit die so genannte „abstrakte Kunst". Der zu malende Gegenstand rückte bei ihnen in den Hintergrund. Auf der anderen Seite zeigten Max Beckmann, Otto Dix oder Käthe Kollwitz ein sehr realistisches Abbild der Realität, so wie sie sie sahen.

KOHL VERLAG · Der Verlag mit dem Esel · Lernwerkstatt „Die Weimarer Republik" - Bestell-Nr. 10 851 · www.kohlverlag.de

EA

Aufgabe 12: *Löse das Kreuzworträtsel! Die Buchstaben in den grauen Kästchen ergeben ein Lösungswort.*

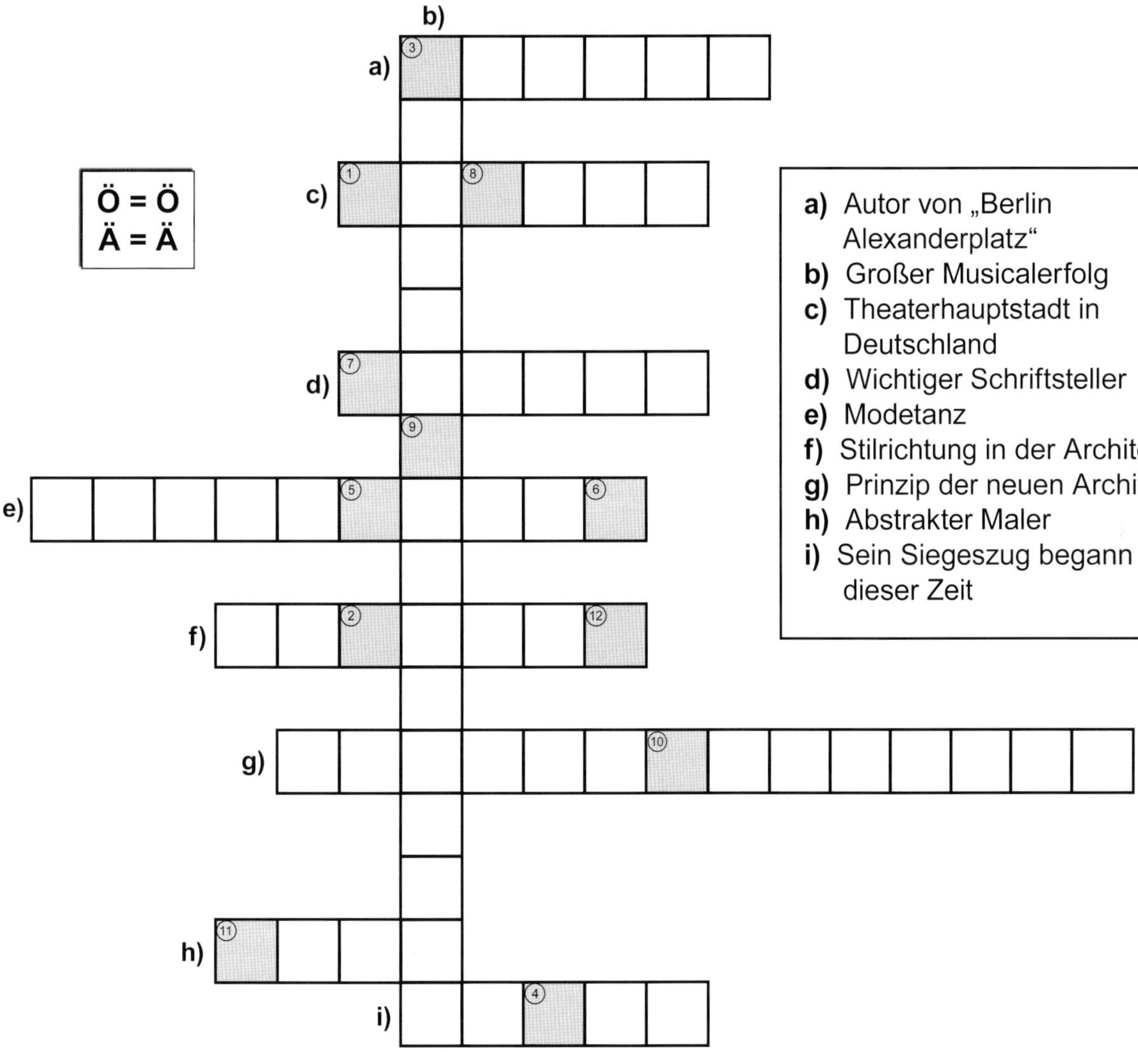

Ö = Ö
Ä = Ä

a) Autor von „Berlin Alexanderplatz"
b) Großer Musicalerfolg
c) Theaterhauptstadt in Deutschland
d) Wichtiger Schriftsteller
e) Modetanz
f) Stilrichtung in der Architektur
g) Prinzip der neuen Architektur
h) Abstrakter Maler
i) Sein Siegeszug begann in dieser Zeit

Lösungswort: ___ ___ ___ ___ ___ ___ ___ ___ ___ ___ ___

EA

Aufgabe 13: *Lies den Text nochmals aufmerksam durch, unterstreiche die neuen Entwicklungen! Schreibe sie stichwortartig auf!*

_____

_____

_____

PA

Aufgabe 14: *Informiert euch in Lexika/im Internet über die Buddenbrooks! Notiert die wichtigsten Infos!*

Lernwerkstatt „Die Weimarer Republik" - Bestell-Nr. 10 851

KOHL VERLAG
www.kohlverlag.de

EA

Aufgabe 15: *Informiere dich zu einem genannten Künstler näher und gestalte ein Infomationsblatt (Porträt, Lebenslauf, Werke)! Gestaltet damit eine gemeinsame Ausstellung für eure Schule!*

Künstler aus der Zeit der Weimarer Republik

Foto

Name des Künstlers:

_____

_____

_____

_____

_____

_____

_____

_____

_____

_____

_____

_____

_____

Lernwerkstatt „Die Weimarer Republik" - Bestell-Nr. 10 851

KOHL VERLAG Der Verlag mit dem Baum www.kohlverlag.de

Die Wirtschaft erholt sich

In den Jahren nach der großen Inflation wuchs die deutsche Wirtschaft wieder. Dieses Wirtschaftswachstum beruhte insbesondere auf amerikanische Kredite für deutsche Firmen, die mit diesem Geld neue Maschinen kaufen konnten und so ihre Produktion steigerten. Die Menschen fanden wieder Arbeit und erhielten dafür einen angemessenen Lohn, für den sie sich Waren (Autos, Kühlschränke, Radios, Kleidung) anschafften und somit die Nachfrage nach Wirtschaftsgütern steigerten. Neue Aufträge für die Firmen waren die Konsequenz. Diese investierten mit Krediten weiter in ihre Produktion, um mehr Waren herstellen zu können. Die gleiche Entwicklung war in den USA zu beobachten. Hier nahmen viele Menschen hohe Kredite auf, um sich mit dem geliehenen Geld Aktien zu kaufen, mit denen sie sich hohe Gewinne versprachen, da die Wirtschaft boomte. Manche Aktien verdoppelten in einem Jahr ihren Wert. Mit diesen Gewinnen wollten sie dann die Kredite zurückzahlen und gleichzeitig ihren Wohlstand vergrößern. Immer mehr Menschen wollten an diesem Aufschwung teilhaben.

PA

Aufgabe 1:   a) *Betrachtet das untere Schaubild und erklärt es mit euren eigenen Worten!*

b) *Welche Gefahr besteht, wenn ein Faktor daraus plötzlich wegbricht?*

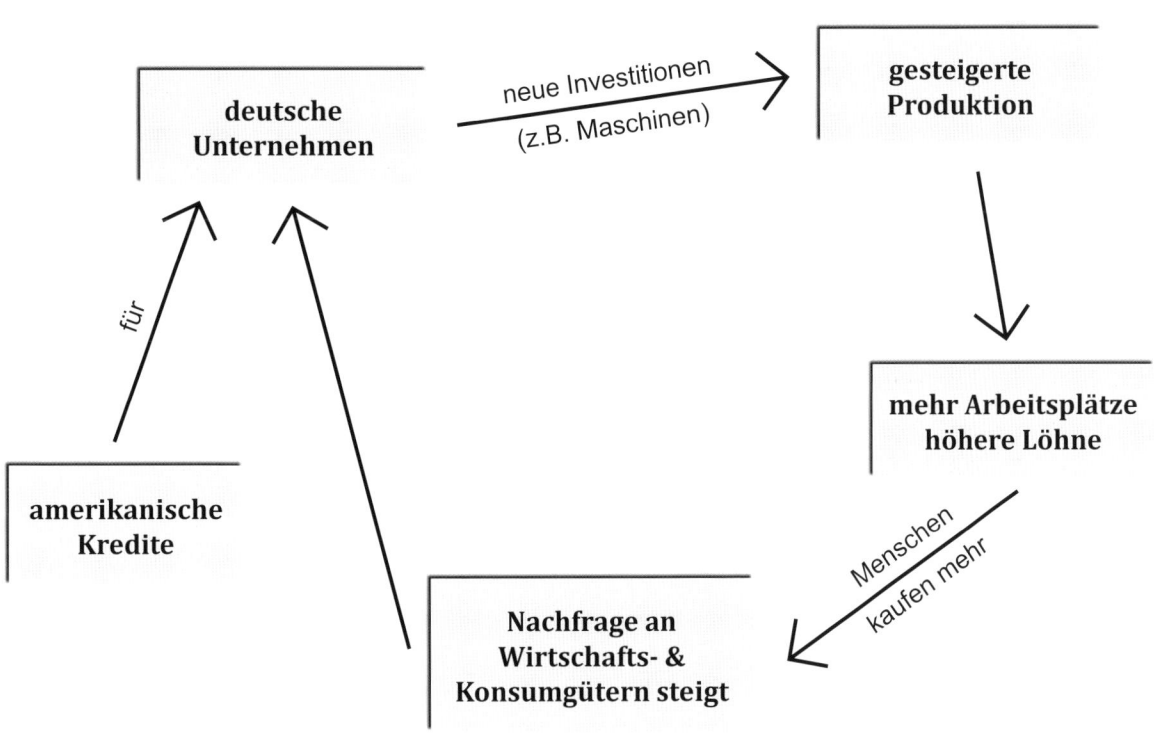

Lernwerkstatt „Die Weimarer Republik" - Bestell-Nr. 10 851

KOHL VERLAG
www.kohlverlag.de

Aufgabe 2: *Fülle die Lücken mit den passenden Begriffen und übertrage sie ins Kreuzworträtsel! Die grauen Kästchen ergeben ein Lösungswort.*

EA

a) Nach der Inflation wuchs in Deutschland die _____ wieder.

b) Die Firmen nahmen in den Vereinigten Staaten _____ auf, mit denen sie wieder Maschinen kaufen konnten.

c) So wurde nach und nach die _____ gesteigert.

d) Da die Menschen wieder Arbeit und somit Geld hatten, steigerte sich

die _____ nach Wirtschaftsgütern.

e) Die Menschen in den USA nahmen durch die günstige Wirtschafts-

entwicklung sogar Kredite auf, um _____ zu kaufen.

f) Mit den Gewinnen wollten sie diese Kredite zurückzahlen und ihren

_____ vergrößern.

g) An diesem _____ wollten immer mehr Menschen teilhaben.

Lösungswort: ___ ___ ___ ___ ___ ___ ___ ___ ___ ___ ___ ___ ___

Lernwerkstatt „Die Weimarer Republik" - Bestell-Nr. 10 851

KOHL VERLAG
www.kohlverlag.de

Quelle: www.edminerva.de/.../2008/01/20erjahre.jpg

DIE 20er JAHRE
Mode Graphik Kunstgewerbe

IX. Der Schwarze Freitag

Der totale Zusammenbruch

1928 ließen sich nicht alle produzierten Güter verkaufen. Die Nachfrage konnte mit der Massenproduktion nicht Schritt halten. Eine riesige Überproduktion an Waren hatte sich angesammelt. Durch diese Entwicklung begannen die ersten Firmen ihre Produktion zu drosseln oder gar einzustellen. Dazu wurden Arbeiter entlassen und der Verkaufspreis gesenkt. Die bisherigen Gewinne der Betriebe konnten nicht mehr erreicht werden. Hierauf reagierte der Aktienmarkt. Man versuchte Aktien zu verkaufen. Nur gab es keine Käufer dafür. Die Kurse für die Aktien gaben nach und brachen am Schwarzen Freitag (25. Oktober 1929) und den fünf darauf folgenden Tagen regelrecht ein. So wurden am 29. Oktober 16,5 Millionen Aktien zum Kauf angeboten – Käufer fanden sich nicht. Die Aktien waren wertlos. Infolge des Börsenkrachs brachen zahlreiche Banken durch Zahlungsunfähigkeit zusammen. Auf der einen Seite waren ihre eigenen Aktien unbrauchbar, auf der anderen Seite konnten die Menschen ihre Kreditschulden nicht mehr bezahlen, da auch sie ihr gesamtes Guthaben in den vergangenen Tagen verloren hatten. In diesem Chaos versuchten die amerikanischen Banken nun ihre Kredite, die sie europäischen Firmen vergaben, zurückzubekommen. Damit wurde auch Europa in die Krise gezogen. Besonders Deutschland war hiervon extrem betroffen. Neben den vielen Krediten, die jetzt fällig wurden, war die deutsche Wirtschaft insbesondere auf den Export spezialisiert (das bedeutet, dass deutsche Waren im Ausland verkauft werden). Nur fanden sich jetzt keine Käufer mehr. Die Firmen mussten ihre Produktion stoppen, entließen die Arbeiter und gingen durch Zahlungsunfähigkeit bankrott. Dadurch konnten keine amerikanischen Kredite mehr getilgt werden. Die Krise verschärfte sich weiter.

Aufgabe 1: **a)** *Deutschland hatte im Jahre 1928 schon zu viele Wirtschaftsgüter produziert, die nicht verkauft werden konnten. Was verschlimmerte die Situation da noch zusätzlich?*

EA

_____

_____

_____

b) *Betrachte das Bild oben! Was meinst du dazu?*

_____

_____

IX. Der Schwarze Freitag

Aufgabe 2: Nachdem ihr euch über die Ursachen der Weltwirtschaftskrise informiert habt, sollt ihr euch auf einen Test hierüber vorbereiten. Dazu habt ihr die Möglichkeit, euch einen Spickzettel anzufertigen. Dieser muss natürlich sehr klein sein und alles Wesentliche zu den Ursachen enthalten. Tauscht eure Spickzettel in der Klasse aus und sprecht darüber!

Aufgabe 3: Schreibt in die Sprechblasen aus der Sicht der betroffenen Menschen, welche Auswirkungen sich für sie ergaben?

Christian, Arbeiter

Martina, Verkäuferin

Hans, Firmenchef

Lernwerkstatt „Die Weimarer Republik" - Bestell-Nr. 10 851

KOHL VERLAG
www.kohlverlag.de

Das Vertrauen in die Republik ist erschüttert

Durch die zunehmende Krise wurden die meisten Menschen, deren Erinnerungen an die Inflation von 1923 noch sehr präsent waren, ängstlicher. Sie liefen zu Tausenden zu ihren Banken und wollten ihr Sparguthaben retten, das sie sich in den letzten vier Jahren mühsam zusammengespart hatten. So viel Geld hatten die Banken jedoch nicht vorrätig. Sie konnten die Sparguthaben nicht auszahlen. Als dies bekannt wurde, machte sich Panik breit und alle Menschen wollten ihr Geld wieder haben. Weitere Banken mussten schließen. Die deutsche Regierung sah sich gezwungen, „Bankfeiertage" (Tage an denen Banken schlossen) zu verordnen, um die Ruhe wieder herstellen zu können.

Die Bürger kauften nur noch das Allernötigste. Der Verkauf von wertvollen Gütern brach komplett zusammen, weitere Arbeitslose waren die Folge. Der Staat geriet ebenso in eine Krise. Die Steuereinnahmen brachen weg, gleichzeitig erhöhten sich aber die Ausgaben für die Sozialabgaben. Mehr Arbeitslose bedeuteten höhere Ausgaben für deren Unterstützung.

Aus Angst vor einer neuen Inflation reagierte die deutsche Regierung nicht aktiv auf diese wirtschaftliche Krise. Hätte man mehr öffentliche Aufträge für die Wirtschaft erteilt, hätten diese zwar wieder Arbeit, aber man müsste dazu mehr Geld drucken. Dies wollte man aus den Erfahrungen von 1923 auf jeden Fall verhindern. Stattdessen drosselte man die staatlichen Ausgaben, kürzte das Arbeitslosengeld, erhöhte die Steuern auf Lohn und Einkommen, entließ Angestellte aus dem Staatsapparat, kürzte die Pensionen und Gehälter der Beamten. Durch diese Politik der „Deflation" verschärfte sich die Krise weiter. Das Elend der Menschen in Deutschland wuchs. Die Arbeitslosenzahl stieg im Jahre 1931/32 auf über 6 Millionen Menschen an, diese standen ungefähr 12 Millionen Menschen gegenüber, die noch Arbeit besaßen! In manchen thüringischen und sächsischen Städten erreichte die Arbeitslosenzahl eine Quote von über 80%. Die meisten Familien in Deutschland lebten in den Jahren 1932/33, dem Höhepunkt der Weltwirtschaftskrise, unter dem Existenzminimum in Elend und mit Hunger. Ihr Vertrauen in die Republik war zutiefst erschüttert. Die Gegner der Demokratie nutzten die Gunst der Stunde.

EA

Aufgabe 4: *Übertrage die Informationen aus der Tabelle in das Säulendiagramm!*

1929	2,850 Mio.
1930	3,218 Mio.
1931	4,887 Mio.
1932	6,024 Mio.
1933	6,014 Mio.

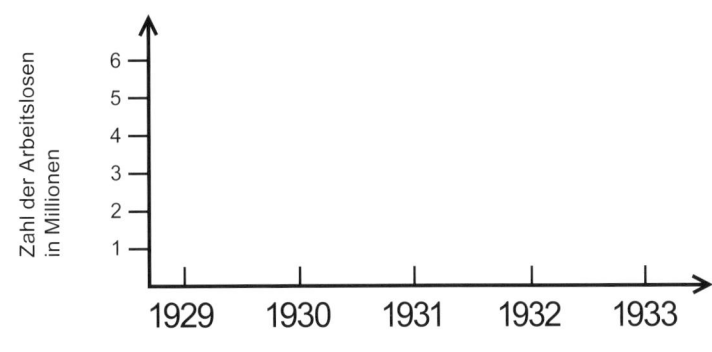

Lernwerkstatt „Die Weimarer Republik" - Bestell-Nr. 10 851

KOHL VERLAG Der Verlag mit dem Baum www.kohlverlag.de

IX. Der Schwarze Freitag

Aufgabe 5: *Was kannst du aus den grafischen Darstellungen aus Aufgabe 4 herauslesen? Warum war diese Entwicklung für den deutschen Staat so katastrophal?*

EA

_____

_____

_____

_____

Aufgabe 6: *Was verstand man unter den sogenannten „Bankfeiertagen"? Erkläre!*

EA

_____

_____

Aufgabe 7: *Im März 1932 waren 6,128 Millionen Menschen arbeitslos. Sie erhielten entsprechend ihrer Dauer der Arbeitslosigkeit finanzielle Unterstützung. Zunächst 6,5 Monate Arbeitslosenunterstützung, danach ein Jahr Krisenfürsorge. Danach musste man sich von der örtlichen Wohlfahrt unterstützen lassen. Dies bedeutete in Zahlen:*

EA

> 1,8 Millionen Menschen bekamen Arbeitslosenunterstützung
> 1,7 Millionen bekamen Krisenfürsorge
> 1,8 Millionen bekamen Wohlfahrtsunterstützung
> 0,8 Millionen bekamen keinerlei Unterstützung

a) Stelle Vermutungen an, warum fast 800.000 Menschen keinerlei Unterstützung erhielten. Was bedeutet dies für das Leben dieser Familien?

b) Beachte, dass diese Zahlen nur für den März 1932 gelten. Wie entwickelte sich diese Situation (in Zahlen) noch weiter? Was meinst du?

Aufgabe 8: *Erstellt ein Kunstwerk in passenden Farben, das für euch den Titel „Der schwarze Freitag" trägt. Erklärt, warum ihr die Gestaltung so gewählt habt!*

PA

Lernwerkstatt „Die Weimarer Republik" - Bestell-Nr. 10 851
KOHL VERLAG
Der Verlag mit dem Baum
www.kohlverlag.de

IX. Der Schwarze Freitag

Die Krisenfürsorge für eine Familie mit einem Kind bedeutete im Krisenjahr 1932 genau 51 Reichsmark finanzielle Hilfe vom Staat. Davon mussten durchschnittlich ungefähr 19 Reichsmark für die Wohnungsmiete und die Wohnungsnebenkosten aufgebracht werden. Das restliche Geld reichte für 1½ Brote, ½ kg Kartoffeln, 100 g Kohl und etwas Milch.

EA

Aufgabe 9: *Versetze dich in die Lage eines Kindes während der großen Krise im Jahre 1932. Führe ein Tagebuch und beschreibe einige mögliche Tage aus dieser Zeit! Beziehe in deine Überlegungen Wünsche des Kindes mit ein! Schreibe in dein Heft/in deinen Ordner!*

EA

Aufgabe 10: **a)** *Was bedeutet „Deflationspolitik"? Erkläre mit deinen eigenen Worten!*

_____

_____

_____

b) *Was wurde bei den Auswirkungen der „Deflationspolitik" nicht beachtet?*

_____

_____

_____

EA

Aufgabe 11: *Betrachte die Angaben in der Tabelle! Was meinst du dazu? Erkläre!*

	Arbeitslose	Erwerbstätige
1931/1932	6 Millionen	12 Millionen
2008	3,6 Millionen	ca. 37 Millionen

_____

_____

_____

KOHL VERLAG Lernwerkstatt „Die Weimarer Republik" - Bestell-Nr. 10 851 www.kohlverlag.de

IX. Der Schwarze Freitag

Aufgabe 12: *Im Text lautet der letzte Satz: „Die Gegner der Demokratie nutzten die Gunst der Stunde." Was sagt dieser Satz aus?*

EA

🖊 _____

_____

_____

Aufgabe 13:
- *Schneide die folgenden Aussagen sorgfältig aus!*
- *Bringe sie in die richtige Reihenfolge und nummeriere sie im leeren Feld nach ihrer zeitlichen Abfolge.*
- *Klebe die Streifen in dieser neuen Reihenfolge in dein Heft!*

EA

✂ -

Fließbandproduktion ermöglicht Massenproduktionen von Gütern	
Senkung der Verkaufspreise	
Firmen machen hohe Gewinne	
Überproduktion von Gütern	
Aktienkäufe versprechen hohe Gewinne	
Aktien werden auf Kredit gekauft	
Betriebe drosseln ihre Produktion oder müssen schließen	
Arbeiter werden entlassen	
Aktien sind wertlos und können nicht mehr verkauft werden	
Banken sind bankrott	
Menschen leben unterhalb des Existenzminimums	
Betriebe machen kaum noch Gewinn	
Amerikanische Banken fordern Kredite von deutschen Firmen zurück	
Deutsche Firmen können ihre Waren nicht mehr ins Ausland verkaufen	
Massenarbeitslosigkeit	
Deflationspolitik verschärft die Krise	
Deutsche Firmen müssen schließen	

Lernwerkstatt „Die Weimarer Republik" - Bestell-Nr. 10 851

KOHL VERLAG
www.kohlverlag.de

Die NSDAP feiert wachsenden Zulauf

1920 gründete sich die NSDAP (Nationalsozialistische Deutsche Arbeiterpartei) in München. Sie verfolgte drei Ziele: Aufhebung des Versailler Vertrages, Entzug der deutschen Staatsbürgerschaft für alle Juden und die Stärkung der „Deutschen Volksgemeinschaft". Mit allen Themen konnte die Partei eine große Zustimmung insbesondere in Bayern erreichen. 1923 traten sie erstmals ins Rampenlicht der deutschen Geschichte. Adolf Hitler versuchte mit seinen getreuen Anhängern die Macht in München zu erobern. Dieser Hitlerputsch wurde aber niedergeschlagen und die Partei anschließend verboten. Hitler musste ins Gefängnis. Hier schrieb er sein Buch „Mein Kampf".

Zu lesen sind hier seine weltanschaulichen Vorstellungen und seine politischen Ziele. 1925 gründete Hitler die Partei neu und machte sich gleichzeitig zum alleinigen Führer. Bis 1928 machte die Partei durch besondere Hetzkampagnen gegen Juden auf sich aufmerksam. Die Wahlerfolge blieben aber aus. Zu viele Menschen wurden abgeschreckt. Zwei Jahre später fuhren die Nationalsozialisten einen großen Wahlsieg ein. 1930 erreichten sie über 18% der Stimmen. Was war geschehen? Die Weltwirtschaftskrise erreichte ihren Höhepunkt. Viele Menschen waren verarmt, hoffnungslos und verbittert über die Regierenden, die ihnen nicht halfen. Sie suchten ihren Ausweg in den radikalen Parteien auf der linken und rechten Seite. Versprachen die Kommunisten unter der Führung von Ernst

Thälmann Besserung, wenn der Kapitalismus beseitigt sei und man den russischen Weg beschritt, sahen die Nationalsozialisten in einem Führerstaat die goldene Zukunft. So kam es, dass bei der Reichstagswahl 1930 über 30% aller Wähler eine nicht demokratische, radikale Partei wählten (13% - KPD, 18% - NSDAP). Auf der Straße herrschte ein blutiger Kampf zwischen den Anhängern beider Parteien. Für die NSDAP verbreitete die SA Angst und Schrecken – der Rote Frontkämpferbund für die KPD. Die hohe Arbeitslosigkeit ließ die Anzahl der SA-Mitglieder drastisch ansteigen. Bekam man hier doch regelmäßig warmes Essen, eine Uniform und Aufträge (Straßenkämpfe, Paraden, Aufmärsche, Saalschlachten – Störung von Parteiveranstaltungen insbesondere der Kommunisten). All dies trug dazu bei, dass man „endlich wieder gebraucht wurde" und in einer verschworenen Gemeinschaft stark war.

Die Furcht vor einem Bürgerkrieg ließ viele Menschen nach einem „starken Führer" rufen, der wieder Ordnung, Sicherheit und Wohlstand schaffen konnte. Durch Josef Goebbels, Hitlers Fachmann für Propaganda, wurde ein Wahlkampf gestartet, den man in Deutschland so noch nie erlebt hatte. Unter Ausnutzung aller Medien (Film, Radio, Schallplatte) wurden

die „Heilsbotschaften" im gesamten Reich verbreitet. Dem Arbeitslosen wurde Arbeit versprochen, dem Bauern höhere Getreidepreise, dem Händler wurde die Ausschaltung der jüdischen Konkurrenz zugesagt, dem Mittelstand nahm man die Furcht vor dem sozialen Abstieg, dem Militär wurde Hoffnung auf eine neue große, schlagfertige Armee gemacht, den Industriellen sicherte man große Profite durch staatliche Aufträge zu. Hitler jagte mit einem Flugzeug durch Deutschland und erreichte so Millionen von Menschen.

Besonders attraktiv war die Partei für junge Menschen. Sie schaffte es, eine Aufbruchstimmung bei ihnen zu entfachen, in der Leistung zählte und die soziale Herkunft nicht entscheidend war. 1933 war die Hälfte aller Parteimitglieder jünger als 30 Jahre.

KOHL VERLAG · Lernwerkstatt „Die Weimarer Republik" · Bestell-Nr. 10 851 · www.kohlverlag.de

X. Der Aufstieg der Nationalsozialisten

Aufgabe 1: NSDAP – Nationalsozialistische Deutsche Arbeiterpartei

Welche Worte stecken in diesem Parteinamen? Kann man daraus Schlüsse über die Zielrichtung der Partei ablesen? Diskutiert!

Aufgabe 2: *Adolf Hitler erregte bereits im Jahre 1923 das erste Mal Aufsehen und konnte ab 1929 seine größten Wahlerfolge feiern. Warum war gerade in diesen beiden Jahren die Aufmerksamkeit ganz besonders stark auf ihn gerichtet?*

EA

_____

_____

_____

Aufgabe 3: *Nenne die drei Ziele der NSDAP bei ihrer Gründung! Mit welchem Ziel konnten sie auf eine breite Zustimmung im gesamten deutschen Volk rechnen?*

EA

_____

_____

_____

Aufgabe 4: *Welche Rolle spielte die SA? Warum war es für viele Menschen attraktiv, Mitglied zu sein? Diskutiert in der Klasse, ob es heute noch möglich wäre, dass solche Vereinigungen Zulauf finden! Welche gesellschaftlichen Rahmenbedingungen müsste es eurer Meinung nach dazu geben?*

Aufgabe 5: *Interpretiere die folgende Tabelle! Nenne Gründe für die hohe Wählerzustimmung bei den Selbstständigen und Arbeitern sowie die niedrige bei Angestellten und Beamten! Schreibe in dein Heft!*

EA

	Anteil der Wähler bei der Wahl 1932 in %
Selbstständige	31
Angestellte/ Beamte	12
Arbeiter	26
Berufslose	16
Hausfrauen usw.	16

Lernwerkstatt „Die Weimarer Republik" - Bestell-Nr. 10 851

KOHL VERLAG
Der Verlag mit dem Baum
www.kohlverlag.de

X. Der Aufstieg der Nationalsozialisten

Die Gegner der Demokratie nutzen die Gunst der Stunde

Not, Elend und Verzweiflung herrschten seit 1929 im deutschen Volk. Die deutsche Regierung, eine Große Koalition demokratischer Parteien, zeigte aufgrund der immensen Probleme keine Handlungsfähigkeit. Zu groß waren die unterschiedlichen Anschauungen, zu klein die Kompromissbereitschaft. Die angespannte Lage in der Arbeitslosenversicherung war denn auch der Grund, warum die Regierung zerbrach. Während die DVP eine Senkung der Leistungen zugunsten der Wirtschaft forderte, trat die SPD für eine Erhöhung der Beiträge ein, um bestehende Leistungen weiter zahlen zu können. Die DVP trat aus der Regierungsverantwortung aus und die Regierung somit zurück.

Nun hätte der Reichspräsident Hindenburg Neuwahlen ausrufen müssen. Der überzeugte Monarchist setzte aber 1930 einen ihm genehmen Reichskanzler (Brüning) ein. Dieser besaß keine Mehrheiten im Parlament und war von der Gunst des Reichspräsidenten abhängig. Ein schwerer Schlag für die Demokratie. Die Zeit der Präsidialkabinette begann und dauerte bis zum Untergang der Republik an. Bis 1933 kam es zu keiner Regierungsbildung, die ihr Vertrauen aus dem Reichstag bezog.

Das Reichskabinett Brüning 1930

PA

Aufgabe 6: *Eine heutige Lehre der Weimarer Republik besagt, dass alle demokratischen Parteien miteinander regieren können müssen. Begründet diese Aussage mithilfe der Ereignisse in der Weimarer Republik ab 1930!*

EA

Aufgabe 7: *Hindenburg wurde 1925 zum Reichspräsidenten gewählt. Er war überzeugter Monarchist und Urheber der „Dolchstoßlegende". Historiker beschreiben seine Wahl als schweren Schlag für die Republik. Warum?*

KOHL VERLAG
Der Verlag mit dem Baum
www.kohlverlag.de

Lernwerkstatt
„Die Weimarer Republik" - Bestell-Nr. 10 851

X.   Der Aufstieg der Nationalsozialisten

Adolf Hitler wird Reichskanzler

Brüning regierte mit eiserner Sparhand und verschärfte durch seine „Deflationspolitik" die Wirtschaftskrise erheblich. Da er sich auf keine parlamentarische Mehrheit verlassen konn-te, die seine Gesetze unterstützte, musste er sich sehr oft auf den Paragraphen 48 der Wei-marer Republik berufen. Dieser besagte, dass der Reichspräsident gegen das Votum des Parlaments Gesetze zur „Sicherung von Wirtschaft und Finanzen" erlassen kann. Bereits im Juli 1930 versuchte Brüning seine Erlasse mithilfe der Notverordnung durchzusetzen. Als das Parlament dies zurückwies, löste der Reichspräsident Hindenburg es auf. Der zwei-te große Schlag gegen die Demokratie und ein weiterer Schritt Richtung Präsidialdiktatur.

Hindenburg – ein sehr alter Mann – ließ sich von seinen Vertrauten in politischen Fragen beraten und beeinflussen. Tonangebend im „Beraterstab" aus Großindustriellen, konserva-tiven Politikern sowie Adeligen war der Reichswehrgeneral Kurt von Schleicher – alle Geg-ner der Republik. Als 1932 Brüning das Vertrauen Hindenburgs verlor und entlassen wurde, war es Schleicher, der den neuen Reichskanzler vorschlug. Es sollte zunächst Franz von Papen werden; Ende 1932 trat Schleicher dafür ein, Adolf Hitler als Kanzler zu ernennen, um ihn so für seine Zwecke ausnutzen zu können. Hier irrte Schleicher gewaltig. Am 30. Januar 1933 wurde Adolf Hitler zum Reichskanzler ernannt. Dies war der Tag, an dem die erste deutsche Demokratie starb.

EA

Aufgabe 8:   *In unserem Land besitzt der Bundespräsident nicht mehr die Möglichkeit, mittels Notverordnungen Gesetze zu erlassen. Warum hat man dies im Gegensatz zur Weimarer Republik in der Verfassung der BRD geändert?*

_____

_____

EA

Aufgabe 9:   *Was ist unter dem Begriff „Präsidialdiktatur" zu verstehen? Erkläre mit deinen eigenen Worten!*

_____

_____

_____

PA

Aufgabe 10:   *Das Parlament wurde während der Zeit der Präsidialregierung schrittweise entmachtet. Beweist dies mithilfe der Tabelle!*

	1930	1931	1932
Anzahl der Gesetze	98	34	5
Anzahl der Notverordnungen	5	44	60
Anzahl der Reichstagssitzungen	94	41	13

Lernwerkstatt „Die Weimarer Republik"   ·   Bestell-Nr. 10 851

KOHL VERLAG
www.kohlverlag.de

Warum die erste deutsche Republik scheiterte

Nach nur 15 Jahren wurde die junge Republik von ihren Gegnern besiegt. Am 30. Januar 1933 übernahm Adolf Hitler als Reichskanzler das Regierungsgeschäft. Zusammen mit seiner Partei konnte er in einem unvorstellbar kurzen Zeitraum seine Macht soweit ausbauen, dass man von einer Diktatur spricht. Wie konnte dies geschehen? Viele Gründe haben dazu beigetragen. Hier sollen sie nochmals zusammengefasst werden.

Die Weimarer Republik ist nicht aus einem einzigen Grund zusammengebrochen, vielmehr wegen eines ganzen Bündels von Gründen, die sich durch ihre Wechselwirkung gegenseitig verstärkten. Historiker gehen davon aus, dass einige Gründe für sich allein genommen nicht zwangsläufig zum Scheitern der Republik geführt hätten. Aber dies bleibt Spekulation.

Schon in den Anfangsjahren zeigten sich die ersten Schwierigkeiten. Die Verantwortung für den verlorenen Krieg übernahmen nicht die Militärs, sondern die gerade an die Macht gekommenen Demokraten. Sie waren es auch, die den Versailler Vertrag, gegen den Willen der meisten Deutschen, auf Druck des Auslands unterschreiben mussten und dafür gehasst wurden. Matthias Erzberger – der Unterzeichner des Friedenvertrages – wurde hierfür ermordet! Kaum war die Republik ausgerufen, wurde sie von links und rechts bekämpft. In diesen Kämp-

Wahlprogaganda der NSDAP

fen gab es nur wenige Menschen, die sich als Verteidiger der Demokratie aktiv einsetzten. So sollte es die gesamte Zeit über bleiben. Die aus dem Kaiserreich übernommene Verwaltung und Justiz konnte sich nur sehr schwer an die neuen Verhältnisse anpassen und sich mit ihr arrangieren. Sie trauerten eher der Monarchie nach. Das Militär mit seinen großen politischen Einflussmöglichkeiten zog sich aus der Verantwortung und hielt die „Dolchstoßlegende" bis zu Hitlers Machtübernahme aufrecht und unterstützte vor allem denjenigen, der ihnen wieder eine richtige, schlagfertige Armee ermöglichte und somit die Bestimmungen des Versailler Vertrages aufhob. Trotz dieser Anfangsschwierigkeiten entfaltete die Demokratie in Deutschland ihre Vorzüge. Gleichberechtigung, Wahlrecht für alle, Achtstundentag, Schutz bei Arbeitslosigkeit und andere Dinge fanden im Alltag der Menschen ihren Niederschlag. Eine demokratische Verfassung sicherte dies ab.

EA

Aufgabe 1: *Nenne nochmals alle Anfangsschwierigkeiten, die die junge Republik meistern musste. Unterscheide dabei zwischen innenpolitischen und außenpolitischen Schwierigkeiten! Schreibe in dein Heft!*

EA

Aufgabe 2: a) *Erkläre den Satz: „Die Weimarer Republik war eine Demokratie ohne Demokraten."*

b) *Welche Vorzüge genossen die Menschen durch die Demokratie?*

Lernwerkstatt „Die Weimarer Republik" - Bestell-Nr. 10 851
KOHL VERLAG www.kohlverlag.de

XI. Das Scheitern der ersten deutschen Demokratie

Gründe für den Erfolg der Republikgegner

Nach dem folgenschweren Jahr 1923 hatte sich tiefes Misstrauen gegenüber der demokratisch gewählten Regierung aufgebaut. Man hatte alles verloren und niemand hatte geholfen. Dies prägte für das ganze Leben. In den folgenden vier Jahren kehrte Ruhe und Stabilität in die Republik. Ein allgemeiner Wirtschaftsaufschwung ließ etwas Wohlstand aufkommen. Kunst und Kultur konnten sich in der freiheitlichen Gesellschaft entwickeln und entfalten. Trotzdem reichte die Zeit nicht aus, demokratische Einstellungen bei der breiten Masse des Volkes zu entwickeln. Dies sollte sich in der nächsten Krise rächen. 1929 schlug die Weltwirtschaftskrise mit aller Macht in Deutschland zu. In kürzester Zeit verloren die Menschen ihre Arbeit und ihre Lebensgrundlagen. Durch die Politik (Deflation) wurde diese Situation noch verschärft, das verstand jeder im Land. Der Reichspräsident Hindenburg – ein überzeugter Monarchist – höhlte durch seine Notverordnungen und die Auflösung des Parlaments schrittweise die Demokratie aus. Ein entschiedenes Auftreten der demokratischen Parteien gegen diese Entmachtung blieb aus.

Die Gegner von links und rechts rüsteten sich militärisch auf und überzogen das Land mit einer Welle von Straßengewalt. Angst und Schrecken machten sich breit. Wer, außer einem starken Führer, der schnell und entschlossen entschied, konnte da helfen? Die Nationalsozialisten entfachten in den 30er-Jahren einen Wahlkampf, wie ihn noch keiner vorher sah. Hitler – ein begnadeter Redner, der alle in seinen Bann zog, reiste mittels Flugzeug durch Deutschland und erreichte so Millionen von Menschen – und begeisterte sie! Er versprach ihnen die Dinge, nach denen sie sich sehnten und zeigte sich absolut unerschrocken, bei Machtübernahme dies auch zu verwirklichen. Er war das Symbol eines neuen Aufbruchs in eine viel bessere Zukunft – jedenfalls für die meisten Deutschen. Die meisten politischen Gegner der Nationalsozialisten unterschätzten Hitler und trauten ihm wenig zu. Andere wiederum waren so sehr zerstritten (Kommunisten und Sozialdemokraten), dass ein gemeinsamer Kampf gegen Hitler nicht möglich war.

Soldaten bei der Verhaftung von Stadträten

EA

Aufgabe 3: *Was war im Jahre 1923 geschehen? Nenne das Ereignis, das die Deutschen in den Abgrund zog und erkläre, wie es dazu kam!*

_____

_____

_____

_____

EA

Aufgabe 4: *Welche Gründe führten am Ende der Republik zu deren Untergang? Beschreibe ausführlich auf der Blattrückseite oder in deinem Heft!*

Lernwerkstatt „Die Weimarer Republik" - Bestell-Nr. 10 851

KOHL VERLAG
Der Verlag mit dem Braun
www.kohlverlag.de

Die Lehren aus dem Scheitern

12 Jahre nach dem Zusammenbruch der Weimarer Republik und den furchtbaren Erfahrungen der Hitlerdiktatur, trafen sich die „Gründungsväter" unserer heutigen Verfassung. Sie analysierten die Probleme, die in der Zeit der ersten deutschen Demokratie auftraten und zogen ihre Lehren hieraus.

Waren die Grundrechte in Weimar zwar erwähnt, so sind sie bei uns ausdrücklich geschützt. In unserem Land muss sich jede Person und jede Partei dem Grundgesetz unterwerfen, in Weimar durfte man gegen den Staat auftreten – er verhielt sich immer neutral. Sollte die öffentliche Sicherheit und Ordnung gefährdet sein, kann der Reichspräsident ohne das Parlament Gesetze erlassen und die Grundrechte zeitweise außer Kraft setzen. Er regierte dann mit Notverordnungen.

Reichskanzler Friedrich Ebert

Heute gibt es keine andere Möglichkeit, ein Gesetz zu erlassen, als dass dies das Parlament tut. Dieses besitzt auch die volle Verfügungsgewalt über das Militär. In Weimar hatte der Reichspräsident den Zugriff auf die Armee. Um die Macht des Reichspräsidenten zu stärken, durfte er mehrmals gewählt werden. Im heutigen Deutschland ist dies nur zweimal möglich. Will eine Partei in den Bundestag oder einen Landtag einziehen, muss sie die Fünf-Prozent-Hürde überspringen. Zur Zeit der Weimarer Republik zog jede gewählte Partei in das Parlament entsprechend ihrer Wähleranzahl ein. Das heißt, es gab viele kleine Splitterparteien, die die Konsensbildung (eine gemeinsame Meinungsbildung) sehr erschwerten.

EA

Aufgabe 5: *Erstelle in deinem Heft eine Tabelle, in der du die ursprüngliche Verfassung der ersten deutschen Republik und die überarbeitete neue Verfassung nach dem 2. Weltkrieg miteinander vergleichst! Beachte, aus welchen Fehlern die „Gründungsväter" lernten und welche Absicht hinter den Änderungen steckte!*

Verfassung der Weimarer Republik	Heutige Verfassung
...	...

EA

Aufgabe 6: *Recherchiere, wie der Reichspräsident damals und der Bundespräsident heute gewählt wird! Für welchen Wahlmodus würdest du dich entscheiden? Begründe deine Meinung!*

EA

Aufgabe 7: *Was versteht man unter der Fünf-Prozent-Hürde? Stelle die Vor- und Nachteile dieser Regelung in einer Tabelle in deinem Heft zusammen!*

KOHL VERLAG
Der Verlag mit dem Baum
www.kohlverlag.de

Lernwerkstatt „Die Weimarer Republik" - Bestell-Nr. 10 851

GA

Aufgabe 8: *Erstellt in der Klasse gemeinsam ein mindmap zu den Gründen des Scheiterns der Republik!*

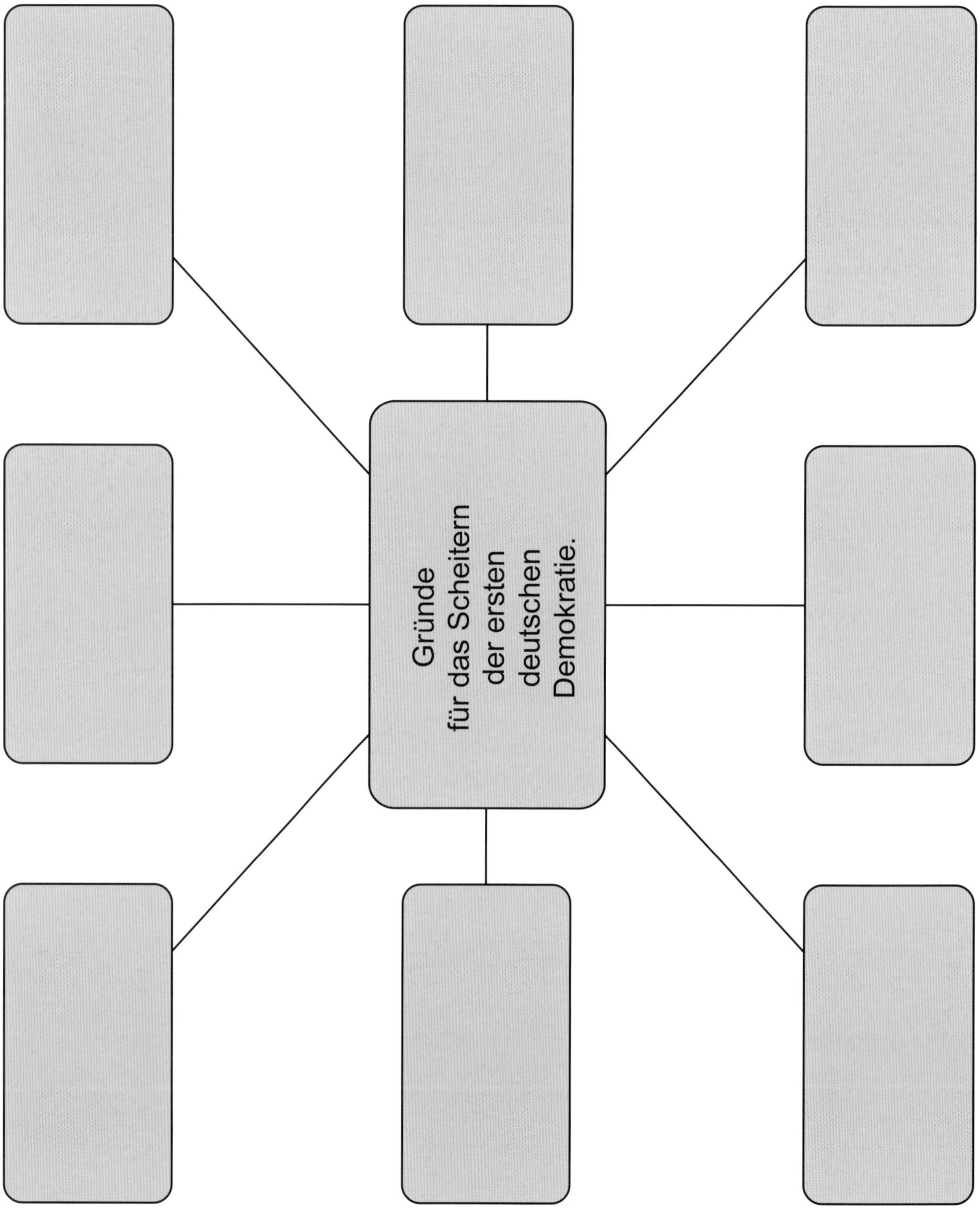

Gründe für das Scheitern der ersten deutschen Demokratie.

KOHL VERLAG
Der Verlag mit dem Baum
www.kohlverlag.de

Lernwerkstatt
„Die Weimarer Republik" - Bestell-Nr. 10 851

Friedrich Ebert

Friedrich Ebert wurde am 4. Februar 1871 in Heidelberg geboren. Sein Vater Karl war Schneider. Ebert besuchte die Volksschule und lernte dann das Handwerk des Sattlers. Schon sehr früh trat er der SPD bei und kämpfte darum, dass sich viele Handwerker in Gewerkschaften verbündeten, um für die Interessen der Arbeiter zu kämpfen.

1912 bekam er erstmals einen Platz im Reichstag für seine Partei und wurde ein Jahr später zum Parteivorsitzenden gewählt.

Während der Zeit des Ersten Weltkrieges billigte und unterstützte Ebert wie viele andere Sozialdemokraten die Kriegspolitik des deutschen Kaisers. Mit dem Tod zweier eigener Söhne im Krieg änderte sich seine Einstellung und er suchte ab Juli 1917 bei anderen bürgerlichen Parteien Unterstützung, um einen Friedensschluss zu erreichen. Mit dem Ende des Krieges und dem Beginn der Novemberrevolution wurde ihm das Amt des Reichskanzlers übertragen. Sein Ziel war es, Ruhe und Ordnung in das Land zu bringen und die Revolution in demokratische Bahnen zu lenken. Dazu nahm er Kontakte zur Reichswehr auf und unterstützte die Bildung von Freikorps, die gegen die Aufstände der Spartakisten eingesetzt wurden. Die Wahlen im Januar 1919 verhalfen der SPD zur stärksten Partei in der Nationalversammlung. Ebert wurde anschließend als Reichspräsident gewählt und war der entscheidende Förderer einer neuen demokratischen Verfassung. Ebert starb 1925 mit 54 Jahren an einer Blinddarmentzündung.

EA

Aufgabe 1: *Fülle den Steckbrief aus!*

Name: _____   Geburtstag (Ort): _____

Eltern: _____

Bildung: _____

_____

Politische Laufbahn *(stichwortartig):* _____

_____

_____

_____

_____

_____

Gustav Stresemann

Gustav Stresemann wurde 1878 in Berlin geboren. Sein Vater war Bierhändler. Als einziges Kind konnte er das Gymnasium besuchen. 1903 begann seine politische Karriere mit dem Eintritt in die Nationalliberale Partei. 1907 war er der jüngste Abgeordnete im Reichstag. 1917 wurde er Fraktionsvorsitzender dieser Partei. Aus politisch unterschiedlichen Ansichten gründete er ein Jahr später die Deutsche Volkspartei und war bis zu seinem Tod ihr Vorsitzender. Zur Zeit der Ruhrbesetzung wurde Stresemann Reichskanzler und später Außenminister. In diesem Amt prägte er seine Zeit durch seine politischen Aktivitäten. Er war Monarchist und davon überzeugt, dass Deutschland nach dem verlorenen Krieg wieder zu seiner einstigen Größe zurückfinden müsse. Ihm war aber klar, dass dies nur durch eine friedliche, freundschaftliche Beziehung zu Frankreich geschehen könne. Er betrieb eine Realpolitik und sagte von sich selbst, dass er sich aus Vernunftgründen für die Republik einsetzte. Der Dawes-Plan, der Vertrag von Locarno und die Aufnahme Deutschlands in den Völkerbund waren seine entscheidenden politischen Erfolge, für die er 1926 den Friedensnobelpreis erhielt. Im Oktober 1929 starb Stresemann, damit verlor die Republik einen ihrer fähigsten Politiker.

EA

Aufgabe 2: *Fülle den Steckbrief aus!*

Name: _____   Geburtstag (Ort): _____

Eltern: _____

Bildung: _____

_____

Politische Laufbahn *(stichwortartig):* _____

_____

_____

_____

_____

Lernwerkstatt „Die Weimarer Republik" - Bestell-Nr. 10 851

KOHL VERLAG   www.kohlverlag.de

Paul von Hindenburg

Paul von Hindenburg wurde 1847 geboren. Sein Vater war Offizier und Gutsbesitzer. Wie sein Vater schlug er die militärische Laufbahn ein und kämpfte 1870/71 als Leutnant im deutsch-französischen Krieg. 1903 wurde er General und nahm 1911 Abschied vom aktiven Dienst. Er versprach aber dem deutschen Kaiser, dass er im Falle eines Krieges die militärische Leitung einer Heeresgruppe übernehmen würde.

1914 schlug er als Oberbefehlshaber die russische Armee bei Tannenberg. Durch diesen Sieg wurde er vom deutschen Volk vergöttert und konnte seinen politischen Einfluss ständig ausbauen. Mit dem Ende des Krieges zog er sich zurück und übernahm in keiner Weise die politischen Konsequenzen. Vor dem Untersuchungsausschuss der Weimarer Nationalversammlung verbreitete er die „Dolchstoßlegende", wonach das deutsche Heer im Felde unbesiegt blieb, aber durch die Novemberrevolution im eigenen Land verraten wurde. Bis 1925 zog er sich ins Private zurück. Auf Drängen der Rechtsparteien stellte er sich in diesem Jahr zur Wahl des Reichspräsidenten und wurde als dieser auch vereidigt. Obwohl zutiefst Monarchist, versuchte er doch anfangs, der Weimarer Verfassung zu entsprechen. Ab 1930 nutzte er seine politische Macht als Reichspräsident und setzte eigene Reichskanzler seiner Wahl ein und löste das Parlament auf. Ab nun wurde nur noch mit Notverordnungen regiert. Das Ende der Weimarer Republik war schon deutlich zu erkennen. 1932 wurde Hindenburg für weitere sieben Jahre zum Präsidenten gewählt, obwohl nur noch wenige Menschen mit seiner Politik einverstanden waren. Aber es galt, den anderen Bewerber zu verhindern – Adolf Hitler.

Am 30. Januar 1933 berief Hindenburg diesen jedoch zum Reichskanzler. Die Machtergreifung der Nationalsozialisten begann. Am 23. März 1933 unterschrieb Hindenburg das von Hitler ausgearbeitete Ermächtigungsgesetz, das alle gesetzgebenden Rechte des Parlaments außer Kraft setzte und den Weg in die Diktatur eröffnete. 1934 starb Hindenburg. Daraufhin übernahm Hitler beide Ämter in einer Person und erklärte sich zum „Deutschen Führer".

EA

Aufgabe 3: *Erstelle auf der Blattrückseite oder in deinem Heft/Ordner einen Steckbrief (siehe Arbeitsblatt Seite 54)!*

EA

Aufgabe 4: *Paul von Hindenburg verbreitete die „Dolchstoßlegende".*
Was ist damit gemeint? Erkläre!

_____

_____

_____

_____

KOHL  Der Verlag mit dem Baum www.kohlverlag.de   Lernwerkstatt „Die Weimarer Republik"   ·   Bestell-Nr. 10 851

XIII. Der Abschlusstest

Aufgabe 1: *Woher hat die erste deutsche Republik ihren Namen?*

🖉 _____

_____

Aufgabe 2: *Die Epoche der Weimarer Republik lässt sich in drei Zeitabschnitte einteilen. Zähle sie hier auf!*

• 🖉 _____

• _____

• _____

Aufgabe 3: *Wahr oder falsch? Kreuze an!*

	wahr	falsch
Der Versailler Vertrag war in den Augen der deutschen Bevölkerung gerecht.		
Die Anfangsjahre der Republik waren durch Angriffe von links und rechts gekennzeichnet.		
1923 war ein einschneidendes Jahr für die Deutschen.		
Die Bauhauskunst ist eine Richtung der Malerei.		
Der deutsche Außenminister Brüning suchte die Aussöhnung mit Frankreich.		
1926 wurde Deutschland in den Völkerbund aufgenommen.		
1929 wuchs die deutsche Wirtschaft überproportional an.		
Adolf Hitler übernahm 1933 die Macht als Reichskanzler.		

Aufgabe 4: *Zur Zeit der Weimarer Republik konnten die Frauen große Fortschritte in Richtung Gleichberechtigung erreichen. Woran ist dies fest zu machen?*

🖉 _____

_____

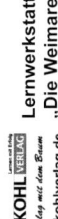

Lernwerkstatt „Die Weimarer Republik" - Bestell-Nr. 10 851

KOHL VERLAG
www.kohlverlag.de

EA

Aufgabe 5: *Wie nutzten die deutschen Unternehmen die amerikanischen Kredite? (Zur Erklärung kannst du auch das Schaubild ausfüllen.)*

_____

_____

_____

Trage ein:

- neue Investitionen (z.B. Maschinen)

- Nachfrage an Wirtschafts- & Konsumgütern steigt

- gesteigerte Produktion

- für

- deutsche Unternehmen

- mehr Arbeitsplätze höhere Löhne

- amerikanische Kredite

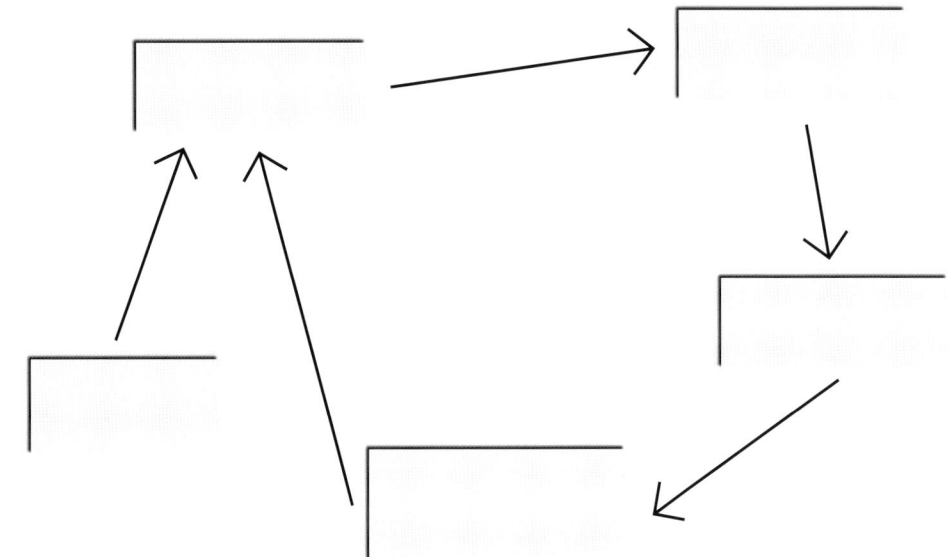

EA

Aufgabe 6: *Was geschah, als die amerikanischen Banken ihre Kredite von deutschen Firmen zurückverlangten?*

_____

_____

_____

EA

Aufgabe 7: *Was besagt die „Dolchstoßlegende", wer hat sie ins Leben gerufen und wem nutzte diese letztlich?*

_____

_____

_____

_____

_____

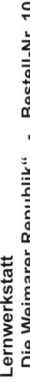

Lernwerkstatt „Die Weimarer Republik" - Bestell-Nr. 10 851

www.kohlverlag.de

KOHL VERLAG

XIV. Die Lösungen

Kapitel 1:

1.) Entstehung der Republik = 1918-1924;   Stabilität der Republik = 1924-1928;   Untergang der Republik = 1928-1933

2.) **a)** Durch die bewaffneten Unruhen in der Hauptstadt Berlin trafen sich die gewählten Abgeordneten im Februar 1919 in der beschaulichen Stadt Weimar und traten hier erstmals zur Nationalversammlung zusammen. Zum Reichspräsidenten wurde Friedrich Ebert gewählt.

b) Den ersten Versuch gab es im Jahre 1848 während der bürgerlichen Revolution.

c) Demokratie gelingt als Herrschaftsform nur, wenn eine große Anzahl von Menschen bereit ist, sie aktiv zu gestalten und zu bewahren. Dazu ist es notwendig, dass Menschen zeitweise sich bereit erklären, Verantwortung als Politiker zu übernehmen oder sich in Bürgerbewegungen engagieren. Menschen, die der Demokratie nicht positiv gegenüber stehen, sollten mittels guter Argumente überzeugt werden, dass dieser Herrschaftsform allen Menschen Freiheit bieten kann.

d) Rechte als Schüler in der Schule wahrnehmen und sich als Klassensprecher/Schulsprecher wählen zu lassen und für die Interessen der Mitschüler einzutreten.

e) allgemein = jeder Deutsche über 18 Jahre kann wählen;   frei = kein Wähler wird überwacht oder zur Wahl gezwungen;   gleich = jede Stimme zählt gleich viel;   geheim = es darf nicht bekannt werden, wer wen gewählt hat

3.) allgemeine, freie, gleiche, geheime Wahlen;   Frauen erkämpften sich die gleichberechtigte Stellung in der Gesellschaft; Demokratie muss von möglichst allen Menschen innerhalb eines Landes aktiv mitgestaltet werden. Die demokratische Staatsform als Vorbild für unsere heutige Staatsform.

4.) • Viele Menschen standen der Demokratie skeptisch gegenüber und engagierten sich nicht aktiv.
• Alle demokratischen Parteien müssen miteinander regieren können, das war in der Weimarer Republik nicht der Fall.
• Der Friedensvertrag wurde der deutschen Bevölkerung aufgezwungen.
• Die schwere Wirtschaftskrise trieb viele Menschen an die politischen Ränder, die einfache, aber Erfolg versprechende Lösungsmöglichkeiten zur Krise anboten.
• Mit der wirtschaflichen Verschlechterung hatten die extremen rechten und linken Parteien noch mehr Zulauf, da sich die Menschen von ihnen Verbesserungen erhofften.

5.) **a)** Durch die Weltwirtschaftskrise gab es zahlreiche Arbeitslose, die Menschen lebten unter unvorstellbar schlechten Bedingungen. Den radikalen Parteien brachte das starken Zulauf, da sie Verbesserungen versprachen.

b) Mit Gewalt wurden oft die Vorstellungen umzusetzen versucht, so entflammte ein Bürgerkrieg auf der Straße.

c) Der Reichspräsident war kein Demokrat, sondern ein Anhänger der Monarchie.

Kapitel 2:

1.) **a)** Die Matrosen sollten trotz nahendem Kriegsende noch zu einem letzten Gefecht ausrücken. Aus diesem Grunde weigerten sich die Matrosen die Gefolgschaft gegenüber dem Militär und dem Kaiser.

b) Die meisten Menschen waren kriegsmüde und konnten keinen Sinn in den Kriegshandlungen sehen. Gleichzeitig stieg die Not der Menschen in Deutschland weiter an. Armut, Hunger und Tod waren allgegenwärtig.

c) Gründung von Arbeiter- und Soldatenräten nach russischem Vorbild, Durchsetzung der Demokratie, Abdankung des Kaisers, Beendigung des Krieges, Acht-Stunden-Tag, Mitbestimmung in den Betrieben, gerechte Verteilung des Besitzes, Verstaatlichung von Schlüsselindustrien

2.) Die SPD wollte eine parlamentarische Demokratie errichten: alle Erwachsenen sind gleichberechtigt, allgemeine, freie, geheime Wahlen, Abgeordnete sind an keine Weisungen gebunden, Abgeordnete beschließen die Gesetze und kontrollieren die Regierung, Regierung führt die Gesetze aus und ist dem Parlament Rechenschaft schuldig, Gerichte sind unabhängig. Die KPD wollte eine Rätedemokratie errichten, nach russischem Vorbild: nur die Werktätigen in Fabriken sind wahlberechtigt, gewählt werden Räte für die Betriebe, diese Räte entsenden wiederum Abgeordnete in Räte der jeweils nächsthöheren Ebene, die Räte sind an die Beschlüsse der Gruppen gebunden, die Räte sind jederzeit abwählbar, der Rätekongress ist die höchste Instanz und erlässt Gesetze, es gibt keine Gewaltenteilung, die Räteregierung ist an die Weisung des Rätekongresses gebunden. Eine Zusammenarbeit schien unmöglich, zu groß waren die unterschiedlichen politischen Vorstellungen.

3.) 1871-1925, deutscher Politiker, Mitglied der SPD, erster Reichspräsident in der Weimarer Republik bis zu seinem Tode.

4.) Viele Kommunisten und Anhänger der Idee des Sozialismus gedenken den beiden Arbeiterführern, die für ihre Ansichten von politischen Gegnern getötet wurden.

5.) Räterepublik: Spartakusbund – Karl Liebknecht - nur die Werktätigen in Fabriken sind wahlberechtigt, gewählt werden Räte für die Betriebe, diese Räte entsenden wiederum Abgeordnete in Räte der jeweils nächst höheren Ebene, die Räte sind an die Beschlüsse der Gruppen gebunden, die Räte sind jederzeit abwählbar, der Rätekongress ist die höchste Instanz und erlässt Gesetze, es gibt keine Gewaltenteilung, die Räteregierung ist an die Weisung des Rätekongresses gebunden
Parlamentarische Republik: SPD – Scheidemann - alle Erwachsenen sind gleichberechtigt, allgemeine, freie, geheime Wahlen, Abgeordnete sind an keine Weisungen gebunden, Abgeordnete beschließen die Gesetze und kontrollieren die Regierung, Regierung führt die Gesetze aus und ist dem Parlament Rechenschaft schuldig, Gerichte sind unabhängig

Lernwerkstatt „Die Weimarer Republik"   -   Bestell-Nr. 10 851

KOHL VERLAG
www.kohlverlag.de

XIV. Die Lösungen

Kapitel 2:   **6.)** Die Oberste Heeresleitung verlangte von der deutschen Regierung zum Kriegsende Waffenstillstandverhandlungen aufzunehmen. Zu groß war die Friedenssehnsucht der Menschen in den großen Städten. Obwohl sich das Kriegsende abzeichnete sollten die Matrosen aus Kiel nochmals auslaufen. Diese weigerten sich und es kam zur Novemberrevolution, in der die Soldaten und Arbeiterräte zeitweise die Macht übernahmen. Die Revolution wurde vom Spartakusbund unterstützt und konnte sich schnell in Deutschland ausbreiten. Am 9. November 1918 kam es zur Ausrufung der Republik. Zwei unterschiedliche Zielvorstellungen der Revolutionäre konkurrierten miteinander. Auf der einen Seite wollte die SPD eine parlamentarische Demokratie errichten, der Spartakusbund kämpfte für eine Rätedemokratie. Der Rat der Volksbeauftragten kämpfte für die Durchführung einer allgemeinen, geheimen und gleichen Wahl zur Nationalversammlung. Diese trat in Weimar 1919 zusammen und wählte Friedrich Ebert als ersten Reichspräsidenten der Weimarer Republik.

Kapitel 3:   **1.)** Die Weimarer Verfassung garantierte viele Grundrechte und Mitbestimmungsrechte. So wurde z.B. die Gleichstellung der Frau rechtlich fixiert. Gleichzeitig gab es ein gewähltes Parlament, das selbst bestimmte Gesetze erlassen konnte und eine Kontrollfunktion gegenüber der Regierung ausübte.

2.) das Wahlrecht, die Freiheit auf Meinungsäußerung, Versammlungsfreiheit

4.) **b)** Die Dauer ist im Vergleich zu heute extrem kurz.
c) Die Menschen waren dem Wählen gegenüber überdrüssig. Sie verstanden nicht, warum sie wählen müssen, wenn die Politiker es nicht schafften, stabile Mehrheiten herzustellen und kompromissfähig zu sein.
d) Regierungsentscheidungen konnten innerhalb kürzester Zeit wieder ihre Gültigkeit verlieren.

5.) Vorteile: direkte Einflussnahme, hoher Grad an Mitwirkungsmöglichkeiten, man fühlt sich wichtig und als Bürger geschätzt
Nachteile: hoher Verwaltungsaufwand, Möglichkeit der Manipulation durch kleinere politische Gruppen, Wahlmüdigkeit

6.) Vorteile: keine Wählerstimme geht verloren, kleinere Parteien erhalten Mitspracherechte
Nachteile: Regierungsmehrheiten sind schwieriger herzustellen, die Regierung kann durch mehrere Parteien gestützt werden, dies zwingt die Regierung zu einem Höchstmaß an Kompromissen bzw. verhindert Regierungspolitik, die Anzahl der Redebeiträge und Anträge im Parlament nimmt zu und erschwert die Gesetzgebung

Kapitel 4:   **1.)** **a)** Die gewählten Politiker (Nationalversammlung und Regierung) mussten die Verantwortung für den verlorenen Krieg übernehmen.
b) Das Militär und rechte Politiker behaupteten, dass das deutsche Heer nicht im Krieg geschlagen wurde, sondern durch die Aufstände und Unruhen im Inland, die von Kommunisten und Sozialdemokraten angezettelt worden seien, zur Aufgabe gezwungen wurde.
c) Im Versailler Vertrag wurde festgeschrieben, dass Deutschland die alleinige Kriegsschuld trage. Des Weiteren wurden große Gebiete Deutschlands an andere Länder übertragen. Deutschland musste eine enorme Menge an finanzieller Wiedergutmachung an die Siegermächte zahlen.
d) Ein Freikorps ist eine bewaffnete Einheit, die für bestimmte politische Ziele kämpfte. In der Regel waren ehemalige Frontsoldaten in ihnen organisiert.
e) Die Regierung wollte keine militärisch gut organisierten und bewaffneten Freikorps dulden. Diese sollten sich auflösen. Gegen diese Entscheidung schlossen sich Freikorps unter der Leitung von Kapp zusammen und kämpften gegen die Regierung.
f) Die Regierung floh nach Dresden und rief zum Generalstreik auf. Die Reichswehr weigerte sich, gegen die Freikorps zu kämpfen.
g) Die Kommunisten nutzten diese Krise und bildeten eine eigene Kampftruppe und versuchten im Ruhrgebiet sich an die Macht zu bringen.

2.) **b)** Das Gedicht beschreibt die Situation zum Kriegsende und das Verhalten der Obersten Heeresleitung gegenüber der deutschen Heimat.
c) Kurt Tucholsky glaubte nicht an die Dolchstoßlegende. Er benennt den wahren Schuldigen für die Nachkriegssituation 1918 – das Militär.

Kapitel 5:   **1.)** **a)** Deutschland hat nicht entsprechend dem Versailler Vertrag ausreichend Holz und Kohle an Frankreich geliefert. Frankreich besetzte daraufhin das Ruhrgebiet, um die Lieferungen selbst zu kontrollieren und sicherzustellen.
b) Dies regelten die Bestimmungen des Versailler Vertrages so.

2.) Das deutsche Volk war über diesen radikalen Schritt der Franzosen erbost und rief zum geschlossenen Handeln gegen Frankreich auf. Die deutsche Regierung reagierte gleich. Sie rief zum passiven Widerstand im Ruhrgebiet auf. Die Menschen traten in einen Generalstreik. Die deutsche Regierung hätte mithilfe der anderen Siegermächte einen politischen Kompromiss suchen können.

3.) **a)** Eine Inflation ist ein Prozess, der zur Geldentwertung führt.
b) Die deutsche Regierung unterstützte die Streikenden im Ruhrgebiet mit täglich 40 Millionen Goldmark. Dieses Geld ließ sie zusätzlich drucken. Somit nahm die Geldmenge, die sich im Umlauf befand, dramatisch zu. Man konnte sich von dem vielen Geld nichts mehr kaufen. Jeder war bemüht, sein Geld möglichst schnell in Sachgüter zu verwandeln. Das Geld wurde immer wertloser.

KOHL VERLAG   Lernwerkstatt „Die Weimarer Republik" - Bestell-Nr. 10 851
www.kohlverlag.de

Kapitel 5:

3.)   **c)** Der größte Teil der Menschen verarmte dramatisch. Hoffnungslosigkeit, Resignation und Wut auf die Politik und somit auf die Demokratie waren die Folge.

d) Man besaß Geld mit einem hohen Wert – mehr als Millionen – konnte sich aber dafür kaum etwas kaufen.

e) Der Streik im Ruhrgebiet wurde beendet und das wertlose Geld in eine neue Währung (Rentenmark) umgetauscht. Gleichzeitig wurden die Staatsausgaben gedrosselt. Man erhöhte die Steuern und somit die Staatseinnahmen.

4.)   Individuelle Lösungen!

Kapitel 6:

1.)   Das Verhältnis zwischen Deutschland und Frankreich war durch zahlreiche historische Ereignisse stark zerrüttet. Man hatte gegenüber dem anderem kein Vertrauen und viele politische Aktivitäten waren auf Konfrontation ausgerichtet. Dieses Verhältnis hat sich tief in die Herzen der Menschen „eingebrannt". Mit dem Vertrag von Locarno wurde ein Neustart unter versöhnlichen Ansätzen begonnen. Dieser war politisch gewollt, aber wurde von den meisten Menschen beider Länder nicht mitgetragen.

2.)   **a)** Auf wessen Betreiben wurde der Völkerbund gegründet?

b) Welche Hauptaufgabe hatte der Völkerbund zu erfüllen?

c) Welche Konsequenzen hatte der Beitritt Deutschlands in den Völkerbund?

d) Auf wessen Betreiben hin fand die Aussöhnung mit Frankreich statt?

e) Wie reagierten die rechten Kreise in Deutschland auf die Versöhnungspolitik?

f) Welche Ehrung erhielt Stresemann für seine Versöhnungspolitik?

3.)   In folgender Reihenfolge: 1919, 1923, „Ära Stresemann", Außenminister, Kanzler, Ruhrkampfes, Inflation, Sachverständigenausschuss, Dawes, Frankreich, Deutschland, Versailler Vertrages, friedliche Zusammenleben, an der wirtschaftlichen Machbarkeit, 800 Millionen Goldmark als Kredite, deutsche Wirtschaft

4.)   Die durch die Siegermächte gewollte politische Isolierung Deutschlands führte zu einer großen Krise innerhalb Deutschlands. Ein Land in der Mitte Europas, das in einem Bürgerkrieg untergeht, konnte nicht der Wunsch der Siegermächte sein. Somit musste ein Ausgleich geschaffen werden. Zunächst galt es, die Frage der Reparationen auf ein mögliches und angemessenes Maß zu bestimmen, das auch erfüllbar sein konnte. Dieses wurde mithilfe der USA und dem Dawes-Plan erreicht. In einem nächsten Schritt galt es, die Nachbarn Frankreich und Deutschland zu versöhnen und somit eine zukünftige Kriegsgefahr zu minimieren. Unter großem Engagement von Gustav Stresemann gelang dies im Vertragswerk von Locarno. Die Versöhnungs- und Entspannungspolitik führte dann schließlich zur Aufnahme Deutschlands in den Völkerbund.

7.)   Die rechtsgerichteten Parteien standen der Versöhnungspolitik skeptisch bis ablehnend gegenüber. Zu tief war ihr Gefühl durch den Versailler Vertrag verletzt. Man war auf Rache gegenüber Frankreich aus, um die Schande wieder zu beseitigen. Dies wird im Plakat deutlich, indem Frankreich weiterhin als angriffslustig und furchtbar gezeichnet wird. Diesem Soldaten darf man nie trauen und man kann ihn nur mit Gewalt besiegen und somit Deutschland „sichern".

Kapitel 7:

1.)   Durch die Klärung der Reparationsfragen sowie die außenpolitische Entspannungspolitik kam es zu zahlreichen Investitionen in die deutsche Wirtschaft. Kredite wurden genutzt, um neue Produktionsanlagen aufzubauen. Durch diese Modernisierung schaffte Deutschland den Anschluss an die Weltkonjunktur.

2.)   Positiv: kostengünstige Massenproduktion von Waren, konsequente Anordnung von Arbeitsplätzen in der Werkhalle, Lager für Zwischenprodukte werden kaum noch benötigt
Negativ: hohe Spezialisierung der Arbeit von Fachkräften (monotoner Arbeitsablauf), große Störanfälligkeit bei Ausfall einer Maschine, Arbeiter haben nur einen geringen Entscheidungs- und Handlungsspielraum, Vielfalt der Endprodukte ist stark eingeschränkt

3.)   Ja, die Arbeiter profitierten ebenfalls vom Aufschwung. Man bezeichnet diese Zeit auch aus diesem Grunde als „Goldene Zwanziger", wenn auch dieser Begriff eher den kulturellen Bereich meint. Man schöpfte in dieser Zeit wieder Hoffnung und Zukunftsfreude und die politischen Ränder hatten kaum Zuspruch.

4.)   **a)** Es kam zu einer Entwicklung der Motorisierung. Immer mehr Menschen hatten das Bedürfnis bzw. die Notwendigkeit einen höheren Grad an Mobilität zu erreichen. Dieser Nachfrage kam die Wissenschaft mit zahlreichen Erfindungen (elektrische Straßenbahnen/U-Bahnen, Autos, Flugzeuge) nach.

b) Das wichtigste Verkehrsmittel der damaligen Zeit war das Fahrrad.

c) Durch den zunehmenden Verkehr mussten Maßnahmen ergriffen werden, um Unfällen vorzubeugen. Man führte z.B. Mittelstreifen, Ampeln, Polizisten auf Verkehrstürmen oder separate Fahrbahnen für Auto und Straßenbahnen ein.

6.)   Mobilität bedeutet, dass man in kurzer Zeit große Entfernungen zurücklegen kann und dies von natürlichen Hemmnissen stark abgekoppelt ist.

7.)   Es wurde ein „Passagierflugzeug" entwickelt, das für vier Gäste ausgelegt war.

9.)   Frauen konnten wählen, betätigten sich in neuen Berufsfeldern, waren wirtschaftlich unabhängiger, emanzipierten sich (Mode, Kultur), steigerten ihr Selbstbewusstsein oder nutzten und erweiterten ihre Freizeitmöglichkeiten. Auch neue technische Erfindungen und Errungenschaften im Haushalt trugen dazu bei.

KOHL VERLAG
Der Verlag mit dem Esam
www.kohlverlag.de

Lernwerkstatt „Die Weimarer Republik"   -   Bestell-Nr. 10 851

Kapitel 7:

12.) **a)** Döblin; **b)** Dreigroschenoper; **c)** Berlin; **d)** Brecht; **e)** Charleston; **f)** Bauhaus; **g)** Funktionalität; **h)** Klee; **i)** Radio   <u>Lösung</u>: Buddenbrooks

13.) Insbesondere in den Bereichen Theater, Kino, Architektur kam es zu spektakulären und die Zukunft inspirierenden Entwicklungen.

Kapitel 8:

1.) **b)** Bricht einer der dargestellten Faktoren innerhalb des Wirtschaftskreislaufes weg, dann gerät das ganze System ins Stocken und könnte schließlich zum Erliegen kommen.

2.) **a)** Wirtschaft; **b)** Kredite; **c)** Produktion; **d)** Nachfrage; **e)** Aktien; **f)** Wohlstand; **g)** Aufschwung
<u>Lösungswort</u>: Wirtschaftsaufschwung

Kapitel 9:

1.) **a)** Als die Amerikaner die Kredite zurückforderten und gleichzeitig der Warenexport ins Ausland einbrach, spitzte sich die finanzielle Situation vieler deutscher Unternehmen dramatisch zu. Unzählige wurden zahlungsunfähig und gingen bankrott.
b) Individuelle Lösungen!

3.) Alle drei Betroffenen haben große Zukunftsängste und sehen, dass ihnen ein dramatischer sozialer Abstieg droht. Erinnerungen an das Jahr 1923 wurden wieder wach und bestärken die Trostlosigkeit und Angst. Die Suche nach jemandem, der ihnen hilft, beginnt und die Flucht in vermeintlich einfache und radikale politische Lösungen setzt ein.

5.) Man erkennt einen dramatischen Anstieg der Zahl der Arbeitslosen innerhalb kürzester Zeit. Der deutsche Staat hat laut Verfassung die Verpflichtung, Arbeitslosengeld zu zahlen, kann dies aber in dieser Situation nicht mehr leisten und muss somit die Unterstützung dramatisch kürzen und die Menschen in ihrer Not allein lassen, was zum weiteren Vertrauensverlust führt.

6.) Da viele Menschen aus Sorge um ihr Geld die Banken „stürmten", kamen diese in eine Auszahlungsschwierigkeit. Dies schürte das Misstrauen und verstärkte den Andrang auf Auszahlung. Um diesen Kreislauf zu durchbrechen, erlaubte die deutsche Regierung den Banken für einige Tage zu schließen, in der Hoffnung, dass sich die Situation wieder beruhigt.

7.) **a)** Es gab wahrscheinlich kleinere Orte in Deutschland, die keinerlei Geld mehr für soziale Unterstützungen der ärmsten Bevölkerung aufbringen konnte. Für die betroffenen Familien bedeutete dies, von einem Tag zum anderen zu überleben und ständig auf der Suche nach Unterkunft und Nahrung zu sein.
b) Die Situation verschärfte sich weiter und die Anzahl der Menschen, die von Unterstützung leben mussten, erhöhte sich weiterhin dramatisch.

10.) **a)** Deflationspolitik bedeutet, dass der Staat in einer Krise nicht investiert, um die Wirtschaft wieder anzukurbeln, sondern auch spart. Er verhält sich wie die Bürger, die ihr Geld für schlechtere Zeiten aufsparen. Dadurch bricht der Konsum zusammen und die Krise verschärft sich weiter.
b) Dass man in einer Wirtschaftskrise als Staat azyklisch reagieren muss, um die Krise nicht weiter zu verstärken.

11.) Individuelle Lösungen!

12.) Die Radikalen nutzten diese Krise und die Hoffnungslosigkeit und Wut der Menschen für ihre Ziele aus und boten einfache, radikale Lösungen.

13.) <u>Mögliche Lösung:</u>

Fließbandproduktion ermöglicht Massenproduktionen von Gütern	1
Senkung der Verkaufspreise	2
Firmen machen hohe Gewinne	3
Aktienkäufe versprechen hohe Gewinne	4
Aktien werden auf Kredit gekauft	5
Überproduktion von Gütern	6
Betriebe machen kaum noch Gewinn	7
Betriebe drosseln ihre Produktion oder müssen schließen	8
Aktien sind wertlos und können nicht mehr verkauft werden	9
Arbeiter werden entlassen	10
Menschen leben unterhalb des Existenzminimums	11
Amerikanische Banken fordern Kredite von deutschen Firmen zurück	12
Deutsche Firmen können ihre Waren nicht mehr ins Ausland verkaufen	13
Deutsche Firmen müssen schließen	14
Massenarbeitslosigkeit	15
Banken sind bankrott	16
Deflationspolitik verschärft die Krise	17

Lernwerkstatt „Die Weimarer Republik" - Bestell-Nr. 10 851
KOHL VERLAG
www.kohlverlag.de

Kapitel 10:

1.) National – betont die Zielrichtung auf eine Nation/ Volk; sozialistisch - betont den Charakter der Gleichheit; Deutsch – gilt also nur für die Deutschen; Arbeiter – spricht insbesondere diese soziale Schicht an

2.) Er bot den hoffnungslosen Menschen eine strahlende Zukunft und versprach, ihre Situation grundlegend zu verändern. Dies fiel besonders in der Krisenzeit der Inflation 1923 und der Weltwirtschaftskrise ab 1929 auf fruchtbaren Boden.

3.) Aufhebung des Versailler Vertrages, Judenentrechtung, Stärkung der „Deutschen Volksgemeinschaft" - besonderen Zuspruch fand die Aufhebung des Versailler Vertrages

4.) Die SA (Schutzarmee) war wie eine Kampfgruppe der NSDAP, die sich als verschworene Gemeinschaft fühlte. Man bekam regelmäßig warmes Essen, eine Uniform und Aufträge. So wurde man trotz der Wirtschaftskrise, die viele Existenzen zerstörte, wieder „gebraucht"!

5.) Selbstständige und Arbeiter waren durch die Krisen insbesondere vom sozialen Abstieg bedroht – dies galt für „Staatsdiener" nicht in so einem starken Maße.

6.) Die demokratischen Parteien zeigten durch ihre fehlende Bereitschaft politische Kompromisse zu finden ihre Regierungsunfähigkeit und bestärkten die Menschen in ihren Vorstellungen, dass Demokratie nicht funktionieren kann. Sie wandten sich von der Politik ab und suchten Zuflucht in einfachen, radikalen Versprechungen am politischen Rand.

7.) Durch die Wahl Hindenburgs wurden wieder Hoffnungen bei vielen Menschen geweckt, man könne die Demokratie wieder abschaffen und ein starkes, deutsches Kaiserreich errichten, dass sich in der Tradition des Kaiserreiches vor dem 1. Weltkrieg sah. Somit wurden antidemokratische Kräfte insbesondere in der Staatsverwaltung gestärkt.

8.) Weil die Macht eines einzelnen Menschen nicht mehr so groß und umfassend sein darf.

9.) Der Reichspräsident regiert ohne Kontrolle/Einfluss/Mitgestaltungsmöglichkeiten seitens des Reichstages/der Abgeordneten. Dies wird insbesondere in den Notverordnungen sichtbar.

10.) Die Anzahl der erlassenen Gesetze ist nahezu Null, dagegen die der Notverordnungen durch den Reichspräsidenten zum Alltag geworden. Die Ohnmacht der Abgeordneten ist in der Anzahl der Sitzungen zu erkennen.

Kapitel 11:

1.) Innenpolitisch: verlorener Krieg und die Schuldzuweisung seitens des Militärs in Richtung Politik, hohe Reparationszahlungen, Novemberrevolution und der Kampf um die politische Neugestaltung, bewaffnete Kämpfe von links und rechts, fehlende Unterstützung der jungen Demokratie durch die Bürger
Außenpolitisch: Versailler Vertrag

2.) a) Es gab in der Weimarer Republik zu wenig aktive Unterstützer der Demokratie. Man erkannte und nutzte die Vorzüge, insbesondere in der Mitte der Zwanziger Jahre, war aber nicht bereit in Krisenzeiten dafür zu kämpfen, sondern vertraute auf Versprechen oder sehnte das bisherige Kaiserreich herbei.
b) Gleichberechtigung, Wahlrecht für alle, Acht-Stunden-Arbeitstag, Schutz bei Arbeitslosigkeit, ...

3.) Die Inflation von 1923 hat Millionen von Träumen in kürzester Zeit zerstört und ein tiefes Misstrauen in den Menschen hervorgerufen. Schlagartig stürzten die Menschen in einer Armut und Hoffnungslosigkeit, wie sie zu Kriegszeiten in dieser Heftigkeit nicht aufkam.

4.) Die Weltwirtschaftskrise ließ wiederum Millionen Menschen in tiefste Armut stürzen und rief Wut und Verbitterung gegenüber der Demokratie hervor. Man orientierte sich nun an politische Versprechungen der Radikalen. Die demokratische Mitte verschwand.

5.) Weimar: Grundrechte erwähnt, Staat verhielt sich gegenüber Ablehnung neutral, Reichspräsident kann Notverordnungen erlassen, Reichspräsident hat Verfügungsgewalt über das Militär, alle gewählten Parteien kommen in den Reichstag
Bundesrepublik Deutschland: Grundrechte geschützt, jeder muss das Grundgesetz beachten und anerkennen, Gesetze verabschiedet das Palament, Parlament entscheidet über den Einsatz des Militärs, Parteien müssen die 5-Prozent-Hürde überspringen

6.) Der Reichspräsident wurde direkt durch das Volk gewählt. Heute wird er indirekt durch die Bundesversammlung gewählt.

7.) 5-Prozent-Hürde bedeutet, dass eine Partei mindestens 5% der Wählerstimmen erhalten muss, um in ein Parlament einziehen zu können.

Vorteile: somit wird verhindert, dass viele Splitterparteien politische Mitspracherechte erhalten und den Prozess des Regierens und der Kompromissfindung behindern.

Nachteile: Das Parlament drückt nur indirekt das Wählerverhalten aus, eine Vielzahl an politischen Ansichten wird reduziert

Kapitel 12:

4.) Die Legende besagte, dass das deutsche Heer im Felde unbesiegt geblieben sei und durch die Novemberrevolution im eigenen Land von innen verraten worden sei.

Lernwerkstatt „Die Weimarer Republik" - Bestell-Nr. 10 851

KOHL VERLAG
www.kohlverlag.de

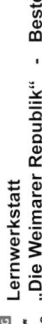

XIV. Die Lösungen

Kapitel 13:

1.) Durch die bewaffneten Unruhen in der Hauptstadt Berlin trafen sich die gewählten Abgeordneten im Februar 1919 in der Stadt Weimar und traten hier erstmals zur Nationalversammlung zusammen.

2.) - Entstehung der Republik (1918-1924)
- Stabilität der Republik (1924-1928)
- Untergang der Republik (1928-1933)

3.) <u>Falsch</u>: Der Versailler Vertrag war in den Augen der deutschen Bevölkerung gerecht. Die Bauhauskunst ist eine Richtung der Malerei. Der deutsche Außenminister Brüning suchte die Aussöhnung mit Frankreich. 1929 wuchs die deutsche Wirtschaft überproportional an.

4.) Frauen können wählen; sie wurden berufstätig (auch in neuen Berufsfeldern); sie wurden wirtschaftlich unabhängiger; Emanzipation in der Freizeit, Mode und Kultur; wachsendes Selbstbewusstsein; neue technische Errungenschaften zur Entlastung der Arbeit im Haushalt

5.) Lösung siehe Schaubild auf Seite 37!

6.) Da die wirtschaftliche Lage schlecht war und es ohnehin zu viele produzierte Güter gab, mussten etliche Unternehmen ihre Produktion einstellen. Sie wurden keine Waren mehr los, verdienten kein Geld mehr und gingen bankrott. So wuchs die Zahl der Arbeitslosen dramatisch.

7.) Die Dolchstoßlegende wurde von ehemaligen Militärs (u.a. von Paul von Hindenburg) ins Leben gerufen, um ein Versagen ihrerseits von sich zu weisen. So hoffte man, keine Verantwortung für die verheerende Niederlage nach dem 1. Weltkrieg tragen zu müssen. Die Legende besagt, dass das deutsche Heer im Felde unbesiegt geblieben sei und nur durch die Novemberrevolution im eigenen Land verraten worden sei.

KOHL VERLAG Lernwerkstatt „Die Weimarer Republik" - Bestell-Nr. 10 851
www.kohlverlag.de

Die Steinzeit

Aus dem Inhalt: *Mit dem Fahrstuhl in die Steinzeit; Jungsteinzeit; Steinwerkzeuge; Die Erfindung von Pfeil und Bogen; Umwelt und Natur in der Steinzeit; Camping im Alltag; Wir fangen ein Mammut; Ernährung in der Steinzeit; Das Ende der Steinzeit; Abschlusstest*

28 Kopiervorlg. **Nr. 10 525   11,80 €**

Die Zeit der Ägypter

Aus dem Inhalt: *Einführung in das Thema mit Karte des alten Ägyptens; Zur Geschichte Ägyptens; Der Nil - ein Geschenk der Götter; Bau der Pyramiden; Die ägyptischen Götter; Gräber und Mumien; Die altägyptischen Schriften; Berufsgruppen; Abschlusstest*

26 Kopiervorlg. **Nr. 10 526   11,80 €**

Die Römer

Aus dem Inhalt: *Die Gründung Roms; Wer waren die Römer?; Römischer Alltag; Die Römer und das Wasser; Über das Leben in Rom; Römer und Germanen; Der Limes in Germanien; Woher wissen wir das alles?; Rom und seine Leistungen; Das römische Heer; Berühmte Schlachten u.v.m.*

50 Kopiervorlg. **Nr. 10 819   14,80 €**

Die Zeit der Griechen

Aus dem Inhalt: *Stadtstaaten und Kolonisation; Seefahrer und Handel; In der Stadt Athen; Die Wiege der Demokratie; Sparta geht einen anderen Weg; Familienleben und Kinder; Schule für alle?; Denker und Erfinder; Kunst und Architektur; Götter und Sagen*

46 Kopiervorlg. **Nr. 10 679   14,80 €**

Die Zeit der Ritter

Aus dem Inhalt: *Die Entstehung der Ritter; Vom Pagen zum Ritter; Die Ritterausrüstung; Ritterturniere; Der Ritter im Krieg; Die Ritterburgen; Das Leben auf der Burg; Die Erstürmung einer Burg; Die Kreuzzüge; Das Ende der Ritterzeit; Abschlusstest*

36 Kopiervorlg. **Nr. 10 662   12,80 €**

Das Mittelalter

Aus dem Inhalt: *Die 3 Epochen; Gesellschaft im Mittelalter; Lehnswesen; Kirche im Mittelalter; Leben in einem Kloster; Leben auf dem Land; Eine mittelalterliche Stadt; Entwicklung des Handels; Kultur und Kleidung; Erziehung und Ausbildung; Ritter und Burgen; Die Pest; Das Ende des MA*

36 Kopiervorlg. **Nr. 10 663   12,80 €**

Die Französische Revolution

Aus dem Inhalt: *Vor der Revolution; Einberufung der Generalstände; Versammlung im Ballhaus; Erstürmung der Bastille; Die „Augustbeschlüsse"; Trennung von Staat und Kirche; Eine neue Verfassung; Krieg gegen die Alliierten; Terrorherrschaft der Jakobiner u.v.m.*

40 Kopiervorlg. **Nr. 10 688   13,80 €**

Der Sonnenkönig - Absolutismus

Aus dem Inhalt: *Wer war Ludwig XIV.?; Europa im Zeichen des Absolutismus; Lebenslauf König Ludwigs XIV.; Versailles; Ein Tag am Hofe des Königs; Der Staat - das bin ich!; Merkantilismus; Manufakturen; Barock; Ludwigs Machteinfluss; Ludwigs Vermächtnis; u.v.m.*

50 Kopiervorlg. **Nr. 10 708   14,80 €**

Die Zeit der Industrialisierung

Aus dem Inhalt: *Ein neues Zeitalter; Wie alles begann; Erfindungen; Erste Maschinen; England - treibender Motor; Überwindung der Zeit; Erste Fabriken; Arbeiten in einer Fabrik; Gesellschaft im Wandel; Die Soziale Frage; Die Auswanderungswelle; u.v.m.*

42 Kopiervorlg. **Nr. 10 664   13,80 €**

Stellungskrieg - Der 1. Weltkrieg

Aus dem Inhalt: *Die politischen und militärischen Verhältnisse zu Beginn des 20. Jahrhunderts; Sarajevo; Kriegsbegeisterung in Europa; Der Angriff auf Frankreich; Verdun; Stellungskriege; Der Kriegsverlauf; Zweifrontenkrieg; Der Kriegseintritt Amerikas u.v.m.*

46 Kopiervorlg. **Nr. 10 689   14,80 €**

Die Weimarer Republik

Aus dem Inhalt: *Die Weimarer Verfassung; Parlamentarische Demokratie; Parteien und Regierungen; Der Vertrag von Versailles; Arbeiteraufstände; Inflation; Goldene Zwanziger; Die Ruhrbesetzung; Kultur- und Sozialpolitik; Die Nationalsozialisten; Das Ende der Republik*

58 Kopiervorlg. **Nr. 10 851   15,80 €**

Blitzkrieg - Der 2. Weltkrieg

Aus dem Inhalt: *Weimarer Republik; Die Nationalsozialisten ergreifen die Macht; Kriegsvorbereitungen; Blitz- und Vernichtungskriege; Der Krieg gegen die Sowjetunion; Der alliierte Luftkrieg; Der totale Krieg; Ermordung der Juden; Der deutsche Widerstand; Kriegsende; usw.*

58 Kopiervorlg. **Nr. 10 699   15,80 €**

www.kohlverlag.de   Kohl-Verlag · Kirchenstr. 16 · 50170 Kerpen · Bestell-Hotline: 02275 / 331610 · Fax: 02275 / 331612